우리가 아는
시간의 풍경

도시의 숨결을 찾다

우리가 아는 시간의 풍경

도시의 숨결을 찾다

이용원 외 지음

토마토

구수한 글과 흑백사진으로 만든 사랑방

오연호 《오마이뉴스》 대표기자

참으로 따사로운 책과 마주 앉았다.

나는 한 쪽 한 쪽 읽으면서 내 유년 시절, 그 골목의 담벼락 주변 풍경을 떠올렸다.

춥고 길었던 겨울의 끄트머리에서 봄이 막 얼굴을 내밀 때, 그 골목 담벼락 밑에 앉아 맞이하던 한 움큼의 봄 햇볕은 얼마나 따스했던가. 그곳엔 반드시 동네 친구들과 이야기꾼 아저씨들이 함께 있었다.

이 책은 그런 골목길 풍경을 닮았다.

현대사회라는 추운 겨울을 어렵게 나고 있는 우리들에게 인정미 넘치는 봄 햇볕을 쬐어 준다. 사람 냄새가 물씬 풍겨 온다.

이 책은 인생 박람회다.

한 평생을 이발사, 칼갈이, 양복점 주인 등으로 살아온, 현재의 우리가 있기까지 우리를 키워 준 사람들의 이야기가 담겨 있다. 그들은 무대의 중심에 서 있지는 않았지만, 그들이 없었다면 우리 또한 없었다.

이 책은 또한 행복교과서이기도 하다. 인생은 무엇으로 사는가를 가르쳐 주기 때문이다.

이발사 이종완 씨는 "나에게 머리를 깎겠다고 그 멀리서 여기까지 찾아오는데 내가 어떻게 그만둘 수 있겠어."라고 말한다. 나의 역할에 대한 자부심과 자존감이 물씬 우러나온다. 칼갈이 김덕호 씨는 "어떤 일이든 미치니까 안 되는 게 없는 것 같더라고요."라고 한다. 삶 앞에 최선을 다하는 모습이 보인다. 양복점 주인 장무식 씨는 "수십 년째 양복점을 하고 있어도 지금도 배워 가는 과정이야."라고 한다. 겸손한 자세를 배운다.

이 책은 우리에게 다리를 놓아 준다. 현재를 살아가는 우리에게 과거로의 여행을 떠나게 한다.

사실 과거로의 여행은 결코 쉽지만은 않다. 우리가 그때의 정서를 추억하고는 있지만 지금 너무 멀리 와 있기 때문이다. 그런 점에서 《월간 토마토》 취재 기자들은 현재를 살아가는 우리에게 매우 친절한 다리 하나를 놓아 주었다. 그냥 지나칠 수는 없으나, 그렇다고 선뜻 말을 걸 수도 없는 그런 사람들과 우리를 마주앉게 해 준다.

그런데 그 다리는 글과 사진으로 짜여 있다. 이 영상의 시대에 월간토마토 식구들은, 구수한 글과 흑백사진으로 사랑방을 만들어 놓았다.

그래서다. 이 책의 페이지를 넘기다 보면, 누가 글 속의 주인공이고, 누가 그 주인공들의 이야기를 풀어 쓰고 있는

지 헷갈린다. 지역의 한 골목길에서 인생 이야기를 엮어 가고 있는 《월간 토마토》의 대표기자 이용원 씨를 비롯한 글쟁이들이, 이 책 속의 주인공들을 닮아 가고 있구나 하는 생각이 절로 든다. 이들이 아니면 누가 그들을 주목했으랴. 이리하여, 우리의 인생은, 역사는 또 한 번 풍성해진다.

책머리에

성긴 삶을 채워 줄, 숨결 간직한 이야기

모든 것이 빠르다. 빠르기 위해서는 더 짧아져야 하고 핵심만 요약 정리해 펼쳐 놓아야 한다. 그렇게 펼쳐 놓은 것은 순식간에 소비되고 흔적도 없이 자취를 감춘다.

'효율과 합리'가 비교 우위에 놓이고 이 기준을 넘어선 모든 것은 여지없이 잘린다. 귓가를 스치며 가만가만 불어오는 바람에 얹혀 들려오는 이야기에 귀를 기울이지 않는다. 모든 것에 상품으로서 가치를 매겨 버리는 자본주의 시스템 안에서 당연한 삶의 방식으로 자리 잡았다.

이런 태도는 안타깝게도 우리 삶을 무척 성기게 만들었다. 똑같은 시간을 살아 내고 훨씬 더 막대한 양의 정보를 접하지만 차곡차곡 쌓이지 못하고 흩어져 버려 삶을 여물

게 만들지 못한다.

이야기를 생성하고 이야기를 공유하고 이야기를 전파하는 일련의 행위는 본능적이다. 당대 삶의 지혜를 후대에 전하는 가장 효율적이며 거의 유일한 방식이다.

'이야기'를 공유하며 우리가 지녀야 할 중요한 가치에 관해 합의하고 선대의 지혜를 흡수한다. 이 과정에서 우리는 유대와 연대를 구체적인 '무엇'으로 인식할 수 있다. 도시가 안고 있는 수많은 문제의 근원에는 이야기를 공유하지 못하는 현재 우리 삶의 태도가 놓여 있다. 자본과 법, 제도로 이 문제를 해결할 수 있다는 생각은 오만함이다.

이 도시가 안고 있는 문제를 해결하기 위해서 우리는 사라져 버린 이야기를 복원해야 한다. 이야기가 품은 숨결을 공유해야 한다.

월간토마토가 10년 가까이, 도시 구석구석을 다니며 만난 사람의 이야기를 들어 기록하고, 공간에 스며들어 그 공간 안에 녹아 있는 시간의 틈을 들춰내며 발견하려 했던 것은 '숨결'이다. 이 '숨결'을 공유하고 싶었다. '숨결'만이 우리가 인간으로서 살아 있음을 증명하는 유일한 것이다.

60년 동안 한자리를 지켜온 대창이용원의 이종완 이발사, 하루 종일 차가 오가는 공영주차장 작은 귀퉁이를 지키고 있는 이희탁 씨, 지금은 사라지고 없는 신탄진 거지다리 넝마주이들의 삶, 손목의 깁스를 깨고 칼을 갈러 나가는 칼갈이 김덕호 씨 이야기.

아무럴 것도 없는 이들 삶에서 진하게 배어 나오는 숨결이 이 시대 어떤 의미를 지니는지 함께 생각하고 싶었다.

일용직 근로자들의 임시숙소로 옛 모습을 잃어 가는 만화방, 단관극장으로 한때 호황을 누렸으나 현재는 성인 전용 극장으로 전락한 동화극장, 한낮의 시끌벅적함이 사라지고 고요가 찾아온 전통시장의 모습 속에서 우리가 놓치고 있는 '가치'를 발견하고 싶었다. 이것은 낡고 오래된 것에 관한 맹목적 '향수'와는 명확하게 구별된다.

지금도 도시 골목 안, 구석구석에서는 이 시대가 주목하지 않지만 꿋꿋하게 살아가며 따뜻한 숨결을 도시 곳곳에 퍼뜨리는 사람과 공간이 존재한다.

우리는 앞으로도 계속 시간의 틈을 들추며 이 '숨결'을 찾아 나설 것이다.

2016년 겨울

이용원

차례

도시가 간직한 시간의 흔적들

일러두기

본 원고들은 문화예술잡지 《월간 토마토》 지면에 실린 것입니다.
지역 명칭 및 인물들의 나이는 《월간 토마토》 지면에 실린 당시를 기준으로 표기하였습니다.

사람 숨결

도시를 지켜 온 사람들

여기저기 보이는 빈틈이 묘한 이완감을 준다.
이 모든 것은 세월의 힘이다.

손끝은 아직
무디어지지 않았다

손끝은 아직 무디어지지 않았다

대창이용원 이종완 씨

글 사진 이용원

나무 전신주는 처마를 뚫고 하늘로 치솟았다. 검은 칠은 세월에 흘러내리고 씻겼지만 온몸으로 빨아들인 먹색은 화선지 위에 엷은 먹빛처럼 은은하다. 볕이 잘 닿지 않는 둥근 전신주 한쪽 면에는 녹색 이끼가 피어올랐다. 가게 출입구는 북향이다. 본래 가게는 남향으로 내야 한다는 생각 때문에 이곳에 이발소를 차릴 생각은 없었다. 골목길 맞은편, 출입구가 남향이었던 건물에

대창이용원
5
대창
이발

세를 얻어 이발소를 개업했다. 그곳에서 모은 돈으로 지금 이발소 자리 건물을 사들였다. 북향인 그곳은 미용실에 세를 주었다. 그곳에서 받은 월세로 이발소가 내야 할 세를 내면 결국 똑같다는 계산이 나와서다. 그런데, 계산이 어긋났다. 이발소 월세가 훨씬 빠른 속도로 올랐다. 북향이지만 이발소를 지금 자리로 옮길 수밖에 없었다.

간판은 이가 맞지 않은 채 마감이 벌어졌다. 하얀색 플라스틱 간판 재질은 오랫동안 물속에 잠겨 있다가 막 나온 듯한 낯선 느낌을 준다. 그 느낌이 건물과 영 어울리지 않지만 제자리인 양 앉았다. 안방 한구석에 주억거리며 앉아 있는 작은 할머니처럼 말이다. 짙은 파랑과 짙은 붉은색으로 표시한 상호도 눈에 잘 띄기는 하는데 아슬아슬한 비례를 유지한다. 유리 출입문에 붙인 가게 이름과 전화번호는 글자와 숫자에 한껏 모양을 내고 비스듬히 누이는 효과도 연출하면서 정성을 들였지만, 정확하게 제자리에 붙지 않아 자유분방하다.

가게 오른쪽 이발소 사인물은 붙들고 있는 앵글에 기운이 빠졌는지 살짝 누웠어도 신나게 잘 돌아간다. 모든 '아귀'가 정확하게 맞아떨어지는 섬세함 대신에 여기저기 보이는 빈틈이 묘한 이완감을 준다. 이 모든 것은 세월의 힘이다.

기술을 배워야 한다

'대창 이용원' 문을 열고 들어서니 짧은 소파 옆, 연탄난로 곁에 이종완 이발사가 앉아 있다. 목 매듭 부분을 넓게 한, 옅은 하늘색 넥타이를 단정하게 맸다. 이발소에 출근하면 여름이건 겨울이건 늘 그렇게 넥타이를 단정하게 맨다. 소파 앞, 낡은 타이어 세 개와 유리 한 장을 이용해 만든 테이블에 펼쳐 놓은 신문지 위에는 빨대가 꽂힌 빈 요구르트병 열네 개가 흐트러뜨린 피라미드 모양으로 가지런히 서 있다. 오늘 이발소를 찾은 사람이 최소한 열네 명 이상이라는 의미이기도 하다. 이발을 끝마치고 겉옷을 챙겨 입은 손님에게 이종완 씨는 요구르트에 빨대를 꽂아 건네는 것으로 마침표를 찍는다.

지금도 하루에 열 명에서 열다섯 명씩은 꾸준히 대창 이용원을 찾는다. 주말에는 스무 명이 훌쩍 넘기도 한다. 나이 일흔여덟에 용돈벌이는 넉넉하게 하는 셈이다. 옛날 어른들이 '기술을 배워야 한다.'라고 그렇게 강조한 이유가 다 있다.

"사실, 내가 환갑 때까지만 이발소를 하고 그만두려고 그랬어. 근데, 막상 그 나이가 되니까, 너무 젊은 거야. 기차 탈 때도 경로우대로 표를 사려면 증명서를 보여 달라고 할 정도였으니까. 멀리서 찾아오는 단골이나 친구도 그

만두면 무얼 할 거냐고! 계속해야 한다고 난리를 치고. 그런데 마침 이 동네 개발한다는 얘기가 들리더라고. 그래서 개발이 일어나 집이 헐릴 때까지만 하자고 했는데, 이렇게 오래 했네. 그때는 이렇게 오래 걸릴지 몰랐거든. 지금이야 개발이 언제 될는지 알 수가 없어. 도로를 널찍하게 낸다고 바로 옆집은 조만간 뜯을 것 같던데."

그리 넓지 않은 이발소 안에서 자로 잰 듯 정확하게 발걸음을 옮기며 이런저런 도구를 챙겨 손님 머리를 만지는 이종완 씨는 지금도 허리가 꼿꼿하다. 여든을 바라보는 나이지만, 60대라고 해도 믿을 만큼 정정하다.

공부만 계속해도 출세하겠다

이종완 씨 고향은 조치원이다. 지금은 아파트가 많이 들어선 신안동에서 1937년에 태어났다. 9남매 중 네 번째다. 호적에는 1939년생으로 올랐지만, 그 시대 많은 사람이 그랬던 것처럼 장질부사나 홍역으로 일찍 세상을 뜰까 걱정스러워 한 2년 두고 보아서 그렇다. 광복하던 해 들어간 국민학교에서는 공부도 곧잘 했다. 담임이 '공부만 계속해도 출세하겠다.'라고 격려할 정도였다. 그러나 세상은 이종완 씨가 계속 공부할 수 없는 상황을 만들었다.

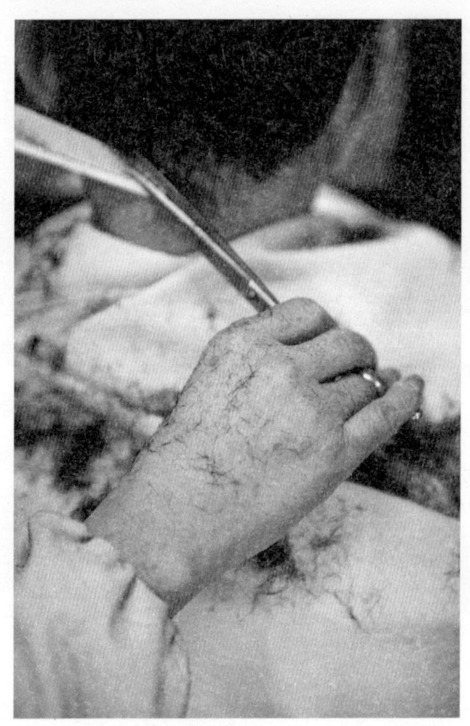

본격적으로 가위질을 시작한다.
금방 끝날 것이라 생각했는데 제법 긴 시간이 흐른다.

"국민학교 5학년 때 6·25가 났어. 인민군이 내려와서 한 3개월 머물렀는데, 맨날 저녁이면 불러 모으는 거야. 소년병이라고 부르면서. 그렇게 모아놓고 김일성 찬양하는 노래만 주야장천 가르쳤다니까. 국민을 위한 노래가 아니라 맨 그런 노래였어."

그리고 다음해 중학교 입학시험을 치렀다. 480명 모집하는 시험에 48등으로 합격했다. 상위 10프로였다. 위로 형들과 누나가 이미 중고등학교를 다니고 있어 힘들었지만, 넷째 이종완 씨도 학교를 보낼 생각이었던 모양이다. 교복과 교모, 가방도 사 주었다. 그러나 이종안 씨가 중학생이었던 것은 불과 한 달 남짓이다.

"한 2주 지나고 나서 월요일 아침 조회를 하는데, 입학금을 못 낸 학생을 전부 앞으로 불러내는 거야. 480명 중에 150명이 앞으로 나오더라고. 그렇게 망신을 주는 거지. 그리고 매주 아침 조회 때마다 불러내는데, 마지막에는 대략 스무 명 정도 남더라고. 교문을 잠가 아예 못 들어오게 하는 거야. 그러니 어떡해, 그냥 집에 있어야지."

당시 입학시험에 합격한 학생이 내야 할 입학금이 만약 10만 원이었다면 보결(補缺)로 입학하는 학생이 내야 할 돈은 50만 원이었다고 한다. 다섯 배 이상 차이가 났다. 학교 입장에서는 재정도 녹록지 않은데 보결 학생을 많이 받을수록 밑질 것이 없는 장사였다. 유예기간 동안 독촉 후 그래도 입학금을 못 내는 학생은 가차 없이 교문 밖으로 쫓아냈다.

"전쟁통에 입학금을 어떻게라도 융통해 보려고 했는데, 그게 잘 안 되신 모양이여. 그러니 교복도 사 주었겠지. 다들 어려운 세상이었으니까. 어쩔 수 없었지."

열다섯 소년 이발을 배우다

집에서 조금 쉬면서 농사일도 거들었다. 아버지는, 대전에 살던 아저씨뻘 되는 친척 소개로 이종완 씨를 철공소에 보낸다. 당시 많은 사람이 그렇게 생각했던 것처럼 기술을 배워야 살 수 있다는 신념 때문이었다. 열다섯 살 무렵, 겨울에 시작한 철공소 일은 적성에 맞지 않았다. 겨울은 그냥도 추웠는데 쇠붙이까지 만져야 하니, 더 추웠다. 월급도 없이 먹여 주고 재워 주는 것으로 끝이었다. 철을 만지는 일이어서 더 거칠었던 것인지도 모르겠다. 제대로 알려 주지도 않고 그 힘든 이름을 가진 공구를 찾아오라고 할 때 제대로 가져다주지 못하면 기술자가 들고 있던 쇠붙이로 쥐어터지기 일쑤였다. 무엇보다 쇠붙이를 만지며 일하다 보니 온몸이 지저분했다. 집을 떠나 타향에서 생활하며 제대로 씻지도 옷가지를 잘 빨아 입지도 못하는 환경에서 그것은 견디기 힘들었다. 적성에 맞지 않는 일이었다. 더군다나 열다섯 살 소년이 감내하기에는 만만치 않았을 것이다. 판단은 빨랐다. 한 달 남짓으로 철공소 생활은 막을 내렸다.

다음에 찾은 기술이 '이발'이다. 친척 아저씨가 살던 신안동에 '신안 이발소'였다. 그곳에는 기술자 세 명에 면도사 한 명이 있었다. 청소와 온갖 허드렛일을 하면서 머리 감기는 것부터 배웠다. 2년 정도 그곳에 머물며 기본적인 기술을 배웠다.

"그리고 옮긴 곳이 원동에 있던, 이름은 정확하게 기억나지 않는데 '청이발소'였던가? 아무튼 그곳에 갔지. 거기서 이발 기술을 완벽하게 배울 수 있었어. 이발 기술을 다 배우는 데까지 대략 5년 걸렸어. 그러고는 바로 군대에 갔지."

육군훈련소에서 통신병과를 받았다. 훈련을 모두 마치고 후반기 교육을 받기 위해 마침 대전에 있던 통신학교에 들어갔다. 그곳에서 만난 사람이 원동에 있던 이발소를 자주 찾아왔던 단골 중사였다. 그이가 그곳에서 하는 일이 장병을 부대에 배치하는 일이었다. 여차여차 해서 육군본부에 발령을 받았다. 다른 부대보다는 비교적 편한 곳이었다. 군생활이 그리 어렵지는 않았다. 제대할 즈음인 1961년 5 · 16 쿠데

타가 발생하면서 제대가 한 달 반이나 늦어진 것을 빼면 말이다. 덕분에 군생활을 37개월이나 했다.

______1960년대부터 1980년대까지가 호황기

제대하고 삼성동에 있던 '미영 이발소'에 취직했다. 그리고 1964년에 결혼하면서 일하던 미영 이발소를 인수했다. 그곳에서 얼마 안 있다가 소제동 지금 자리 건너편에 '대창 이용원'을 개업했다. 가게 이름은 주변 사람이 아이 이름 짓기를 청할 정도로 한학에 조예가 있었던 그의 아버지가 지었다. 큰 대(大) 자에 창성할 창(昌) 자를 썼다. 대창 이용원을 개업할 당시 소제동은 중구 대흥동, 선화동과 함께 대전에서 제법 괜찮은 동네로 꼽혔다. 이종완 씨는 세 번째로 좋은 동네였다고 설명한다. 대부분 철도청 소유지였고 그들의 관사가 마을을 이루었는데, 나름대로 직급이 있는 고위직이 모여 살던 곳이었단다. 집을 옹종맞게 짓지 않아 터가 널찍하니 시원했다.

"그러다 철도청이 토지와 주택을 불하했지. 시세보다 거의 3분의 1은 싼 가격으로 넘긴 거야. 그리고 남은 땅도 민간에 매각하면서 관사와 관사 사이에 일반 주택이 끼어들기 시작했어. 동네가 복잡해지기 시작한 거지."

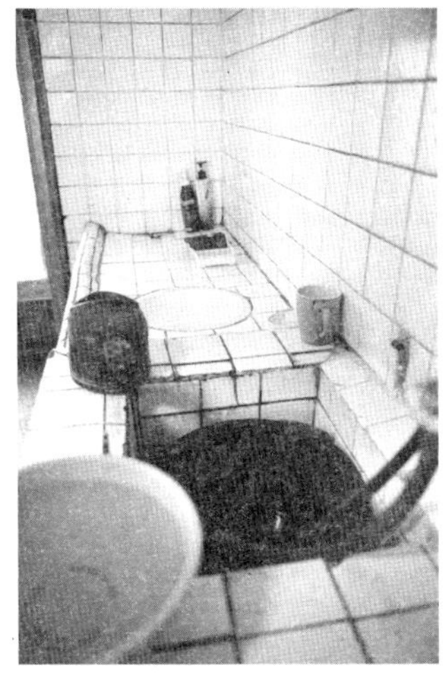

타일로 마감한 세면대는 1960년대 중반
가게 문을 열었던 그때 그 모습이다.

연탄난로 연통에 면도거품 솔을 문질러 대더니
면도할 곳에 잘 펴서 바른다.

소제동 대창 이발소에는 손님이 늘 넘쳐났다. 1960년대부터 1980년대까지가 호황기였다. 그 조그만 대창 이발소에 하루 150명에서 많게는 200명까지 손님이 들었다. 당시 직원만 다섯 명이었다. 화장실도 교대로 가야 하고, 신간 만화책과 텔레비전을 갖춘 안채 방에서는 넋 놓고 기다리다가 정작 이발도 못한 채 그냥 돌아가는 학생이 부지기수였다.

"당시에 주변 대전상고나 동아공고, 계룡공고 등에 다니는 학생이 전부 우리 가게 앞을 지나갔다고. 버스 노선이 지금처럼 잘 정비되어 있을 때가 아니었으니까. 많이 걸어 다녔지. 회사원도 당연히 많이 다니고. 상술이라고 해야 할까? 당시에는 텔레비전도 귀하고 만화책도 귀할 때잖아. 신간 만화를 잘 구비해 놓으면 아이들이 학교 끝나고 통학 열차 시간까지 남은 시간에 만화책이나 텔레비전 보고 싶어서 우리 가게를 많이 찾았지."

열다섯 살에서 일흔여덟 살까지, 60년 넘게 이발 가위와 빗을 잡으며 돈도 적잖게 벌었다. 어지간한 직장생활 한 사람보다 훨씬 나았다. 이발소가 한창 바쁠 때 가게에 나와 청소도 하고 머리도 감겨 주었던 아내 송기철(74) 씨 사이에 3남매를 두었고 돈이 없어 가르치지 못하는 일은 벌어지지 않았다. 입학금을 마련해 중학교에 다닐 수 있었다면 이종완 씨 인생이 어떻게 달라졌을지 모르겠지만, "이발이 적성에는 맞는 것 같다."

——— 따뜻한 수건을 덮어 놓고

이발소 한쪽 흰색 타일로 마감한 세면대는 1960년대 중반, 가게 문을 열었던 그때 그 모습이다. 세면대 옆에는 큰 전기밥솥이 있다. 그곳에는 찬밥 대신 온수가 따뜻하게 담겨 있다. 이발소에서 사용하는 온수통이다. 이날 머리숱이 그리 많지 않은 40년 단골이 동구 가양동에서 이곳까지 어김없이 찾아왔다. 유성은 물론이고 심지어는 저 멀리 신탄진에서까지 단골손님이 찾아온다. 이종완 씨가 은퇴하지 못하는 큰 이유 중 하나다.

"나에게 머리를 깎겠다고 그 멀리서 여기까지 찾아오는데 내가 어떻게 그만둘 수가 있겠어."

온수통에 수건을 담가 꼭 짜서, 머리카락을 덮어 물기를 먹인 후 이발을 시작한다. 전기 이발기로 머리 끝을 다듬은 후 본격적으로 가위질을 시작한다. 금방 끝날 것이라 생각했는데 제법 긴 시간이 흐른다. 손 면도기로 주변 잔털을 제거하고 나서야 이발이 끝난다. 팬 돌아가는 소리가 들릴락 말락 한 헤어드라이기로 머리카락을 털어 낸

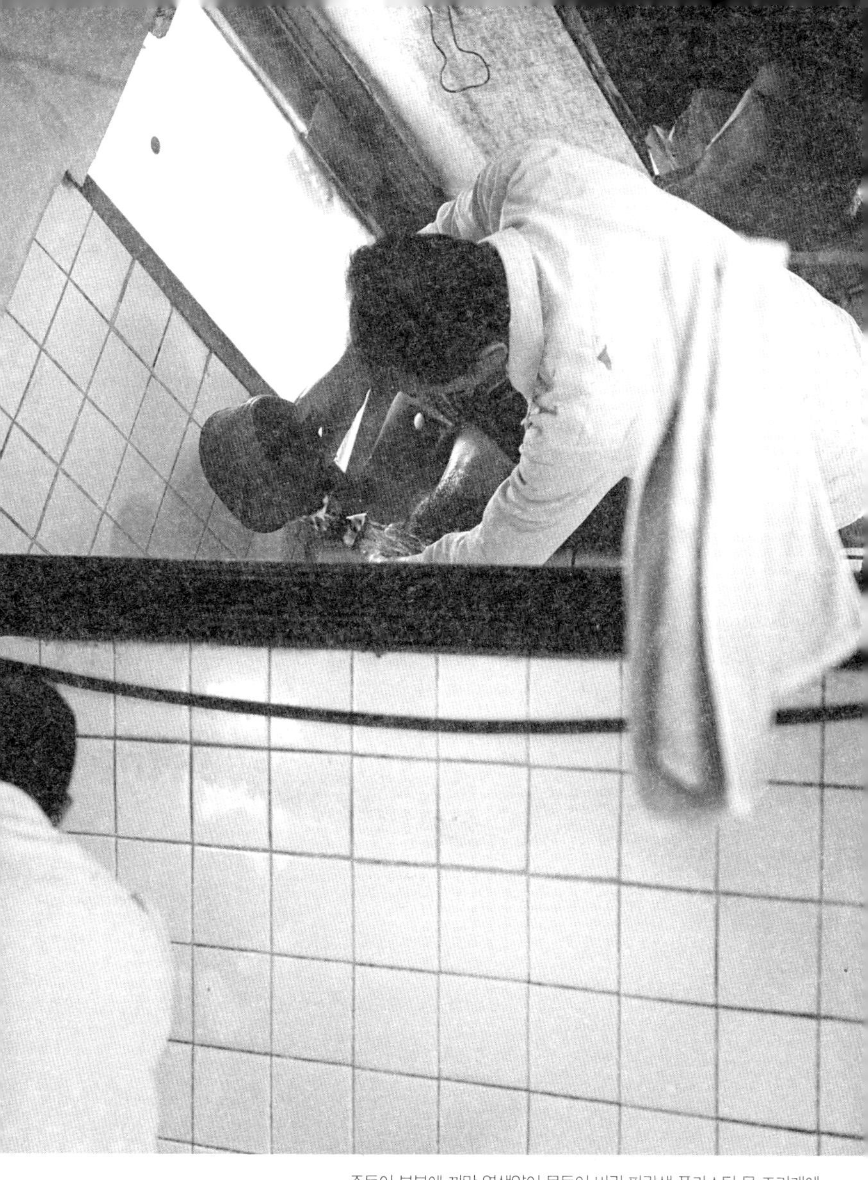

주둥이 부분에 까만 염색약이 물들어 버린 파란색 플라스틱 물 조리개에
따뜻한 물을 담아 머리에 적당히 부으며 머리감기를 시작한다.

후 금세 옷을 갈아입고 염색약을 개어 온다. 염색을 다 했는가 싶었는데 이발 의자를 뒤로 완전히 젖힌 후 안면에 따뜻한 수건을 덮어 놓고, 면도 거품을 준비한다. 연탄난로 연통에 면도거품 솔을 문질러 대더니 면도할 곳에 잘 펴서 바른다.

면도칼을 들고 안면부 면도를 시작한다. 손길은 세심하면서 거침없다. 40년 동안 만져 온 얼굴의 굴곡을 따라가는 손끝이 눈을 감아도 문제없을 듯 익숙하다. 면도까지 마치고 나서야 40년 단골은 이발 의자에서 내려와 세면대로 향한다. 주둥이 부분에 까만 염색약이 물들어 버린 파란색 플라스틱 물 조리개에 따뜻한 물을 담아 머리에 적당히 부으며 머리감기를 시작한다. 이발 기술을 배울 때 가장 먼저 배웠던 머리감기기가 이발 과정에서는 제일 끝이다. 세면기에 따뜻한 물을 담아 40년 단골이 직접 세수할 수 있도록 한 후 새 수건 한 장을 꺼내 연탄난로 연통에 감싸 따뜻하게 덥힌다. 이발사는 연통에 덥힌 수건을 40년 단골에게 건넨다. 한 시간 남짓 걸린 이 모든 과정 중에 둘 사이에 무엇인가를 요구하는 대화는 한마디도 없었다. 40년 단골은 가게 문을 열고 들어와 겉옷을 벗어 옷걸이에 걸어 두고는 이발 의자에 앉았고, 모든 과정이 끝난 후 난로 곁으로 걸어가 따뜻한 수건으로 얼굴을 닦았을 뿐이다.

40년 단골은 옷을 챙겨 입고 이종완 씨가 건넨 요구르트를 마셨다. 40년 단골은 다 마신 요구르트 병을 짧은 소파 앞, 응접 테이블에 펼쳐 놓은 신문 위에 내려놓는다. 이제 빈 요구르트병은 열다섯 개다.

(2015년 2월 94호)

테이블에 펼쳐 놓은 신문지 위에는 빨대가 꽂힌 빈 요구르트병 열네 개가 흐트러뜨린 피라미드 모양으로 가지런히 서 있다.

이것도 벌써 51년이나 됐네….

옛날에는
북적북적 **재밌었지**

옛날에는 북적북적 **재밌었지**

세일주조장 박환서 씨

글 사진 엄보람

막걸리는 자신이 사는 동네에서 만든 것을 사 먹는 게 당연하던 시절이 있었다. 물론 더 거슬러 올라가면 집에서 술을 담그는 가양주 문화가 있었지만, 어쨌든 그 시절에는 동네의 수만큼이나 많은 양조장이 있었다. 그 수만큼 당연히 맛도 조금씩 달랐다. 그것이 우리 술, 막걸리의 묘미다. 그러나 입맛이 변하고, 사람들이 양조장을 직접 찾아가는 수고를 하지 않게 되면서 동네 양조장도 하나둘 문을 닫았다. 그 옛날 대전에도 20여 개의 양조장이 있었지만, 지금은 대형 양조회사를 빼고는 서너 곳만이 남아 명맥을 유지하고 있다. 그중 하나인 세일주조장은 오래전 산내면의 막걸리를 책임졌던 소규모 양조장이다. 박환서 사장이 1963년에 문을 열어 지금까지 운영하고 있다.

산내면 대성리에 문을 열다

정초가 가까워 오는 이맘때쯤이면 그 옛날 양조장도 꽤나 분주했을 것이다. 온 동네에 술 짓는 냄새가 솔솔 퍼지고, 사람들은 술을 받아 가는 순서를 기다리며 양조장에서 한참을 기다리기도 했겠지. 그런 생각을 하며 대전에 남아 있는 오랜 소규모 양조장은 어떤 시절을 보내고 있는지 궁금해졌다.

50여 년이 넘었다는 대전시 동구 대성동 세일주조장에 무작정 전화를 걸었다. 행여 귀찮아하지는 않을까 조심스레 뵙기를 청했다.

"언제 올 겨? 이번 주는 바쁜데. 그럼 그때 오슈."

박환서 사장은 낯선 이를 경계하는 기색도 없이 '묻지도 따지지도 않고' 흔쾌히 방문을 허락했다.

108번 버스를 타고 대성삼거리에 하차했다. 내리자마자 길 건너 골목길 초입 오래된 건물에 붙은 '산내생막걸리'라는 작은 표지판이 보였다. 화살표를 따라 죽 들어가니 오래된 주택가가 나타났고, 이어 길이 나뉘는 골목 모퉁이에 또 한번 표지판이 나타났다. 모퉁이를 돌자 기다렸다는 듯 양쪽 대문을 활짝 연 양조장이 나타났다. 대문 오른편으로 걸려 있는 '世一酒造場'이라고 적힌 나무 현판은 세월의 더께를 그대로 품고 있었다.

박환서 사장은 대문 바로 오른편에 있는 작은 사무실에서 휴식을 취하고 있었다. 바로 앞 테이블에는 산내막걸리를 영어로 설명하는 팸플릿이 가득 쌓여 있었다.

"2011년에 대전에서 술 박람회를 했는데 거기에 나갔어요. 그러다 보니까 외국 사람들도 종종 찾아오더라고. 그래서 이렇게 영어로 안내하는 걸 만들었지."

세일주조장은 1963년 12월 17일에 박환서 사장의 아버지가 지금 자리에 세웠다. 그러나 아버지는 고향인 금산에서 계속해 오던 인삼농사를 하고, 양조장 운영은 당시 열아홉 살이던 박환서 사장이 죽 맡았다.

"본래는 양조장이 금산군 복수면에 있었어. 거기서 고모님이 6~7년을 했는데, 산내면 대성리(지금의 대성동)로 이전해 왔지. 옛날에는 양조장이 면에 하나씩 있었는데, 복수면에는

우리는 아직도 전통 누룩을 사용해서 만들고 있어요.

소맥분·탁주 사입실
외인출입금지

두 개나 있었어. 더군다나 그쪽이 오지라서 판매량도 별로 없었지. 그래서 이쪽으로 오면 시장성이 좋을 것 같았어."

우마차로 막걸리 실어 나르던 그 시절

당시 대전 시내에는 양조장이 많았다. 세일주조장은 산내면에 있는 유일한 양조장이었지만, 박환서 사장은 처음 자리를 잡고서는 판로를 찾지 못해 5~6년 정도 고생을 했다. 인근 지역은 기존에 있던 다른 양조장들이 판로를 선점하고 있었기 때문이다. 그래서 막걸리를 팔기 위해 수십 킬로미터 떨어진 곳까지 배달을 하기도 했다.

"그때는 자전거랑 마차가 운반수단이었어. 만인산까지 배달하고, 정생리까지도 갔지. 우마차로 배달했는데, 산악지대라서 불편하기도 불편했어. 그래도 팔아야 하니까 가야지. 그러다가 1970년도쯤에 양조장들이 합동해서 판매구역제를 실시하면서 '산내면에서 생산한 건 산내면에서만 팔아야 된다.' 이런 식으로 한 거여. 그때부터 판로가 좋아졌지. 처음에는 일하는 사람 세 명으로 시작했다가 1970년쯤에는 열 명 정도 됐어. 호황시절이었어요. 그때는 하루에 천 리터는 거뜬히 팔았어. 그 후로도 2000년까지는 괜찮았지. 그러다 점점 살기가 좋아지면서 막걸리를 안 먹게

되고, 맥주 쪽으로 다 가서 막걸리는 사양산업이 된 거죠."

옛날이야기에 한창 귀를 쫑긋 세우고 있을 때쯤, 누군가 바깥에서 부르는 소리가 들린다.

"막걸리 두 병만 주세요."

문을 여니 동네 주민인 듯 보이는 편한 차림의 중년 남성이 서 있었다. 박환서 사장은 문 밖으로 몸을 빠끔히 내밀어 마당에 있는 아들에게 막걸리를 내주라 이른다.

"옛날에는, 그러니까 1963년에는 한 말(20리터)에 200원이었지. 그때는 막걸리를 사러 오면 나무로 만든 한 말짜리 동그름한 통에다가 막걸리를 담아 주고, 가져오면 닦아서 다시 쓰고 그랬어. 농사짓는 사람들이 많이 사러 오고 그랬지. 지금은 옛날에 비하면 거의 10분의 1 수준으로 줄어서 하루에 200리터 정도밖에 안 팔려요. 차로 동네슈퍼하고 음식점 같은 데 조금씩 납품하고, 이렇게 간간이 사러 오는 사람들이 있죠. 큰 마트는 들어가지도 못해. 그래도 지켜야겠다는 애착이 있어요."

쌈박한 맛은 밀가루가 낫고, 쌀은 은은한 맛이 낫지

"막걸리는 큰 체에다가 손으로 막 거른다고 해서 막걸리야. 막걸리를 만들려면 일단 밀가루를 반죽하고 고두밥을

발효실에 들어서자마자
달큰하고, 구수하고, 아릿한
누룩향이 훅 끼친다.

밀 막걸리는 색이 짙고 걸쭉하며 묵직한 맛을 낸다.

쪄서 종곡균을 섞어 38~40도에서 42시간 배양을 해야 돼요. 이것을 항아리에다가 넣어 물하고 혼합해서 72시간을 발효해요. 이것이 1차 발효지. 그다음에는 또 고두밥을 쪄서 물과 누룩을 섞어 덧밥을 넣어요. 이렇게 해서 96시간을 발효시켜요. 그러니까 최소 8일은 돼야 막걸리가 완성되는 거죠. 우리는 아직도 전통 누룩을 사용해서 만들고 있어요."

세일주조장에서 만드는 산내막걸리는 100프로 밀가루를 원료로 해서 만든다. 1963년 정부는 쌀 부족에 따른 조치로 쌀로 막걸리를 빚지 못하게 하고, 밀 막걸리나 옥수수 막걸리 등을 장려했다. 그러나 밀은 밀대로, 쌀은 쌀대로 서로 다른 개성을 지녀 쌀 막걸리를 좋아하는 사람이 있는가 하면, 밀 막걸리를 좋아하는 사람도 있다. 밀 막걸리는 색이 짙고 걸쭉하며 묵직한 맛을 내는 반면, 쌀 막걸리는 색이 비교적 맑고 깔끔한 맛을 내는 게 특징이다. 한편 밀은 냉기를 지니고 쌀은 온기를 지녀 여름에 밀 막걸리를 마시면 열기를 내려 주고, 추울 때 쌀 막걸리를 마시면 한기가 가신다고도 한다. 하지만 근래에는 오히려 밀 막걸리를 찾아보기가 힘들어 이를 아쉬워하는 사람이 많다. 박환서 사장은 "쌈박한 맛은 밀가루가 낫고, 쌀은 은은한 맛이 낫지."라고 말했다. 그 한마디로 두 막걸리의 차이가 단번에 가늠이 됐다.

세일주조장의 발효실은 마당 안쪽 깊숙한 곳에 있었다. 박환서 사장이 '외인출입금지'라고 팻말을 달아 놓은 발효실의 나무문을 '드르륵' 열었다. 그 걸음을 따라 왠지 두근대는 마음으로 조심스레 발효실에 들어섰다. 들어서자마자 달큰하고 구수하고 아릿한 누룩향이 훅 끼친다. 발효실 안에는 가슴께까지 오는 커다란 옹기 여남은 개가 각자 맡은 일을 해내고 있었다. 안온한 공기에 발걸음을 떼기가 못내 아쉬웠다. 바로 옆 창고로 걸음을 옮겼다. 다 만든 막걸리를 병에 포장하는 병입시설이 있는 곳이다.

박환서 사상이 자루바가지로 커다란 스테인리스 통에 담긴 막걸리를 한 바가지 떠서 권했다. 한 모금 마시니 단박에 "맛있다." 소리가 절로 나온다. 탄산이 거의 없는 구수하고 향긋한 맛이다. 발효가 덜 된 술은 탄산 맛이 난다고 했다.

설에는 한 달 전부터 서둘러야 했어

"옛날에는 결혼할 때나 장례 치를 때 막걸리가 필수 음료였어. 설 대목에는 말할 것도 없이 굉장히 바빴죠. 막걸리가 평소의 서너 배는 나가서 한 4~5천 리터 팔았지. 설 대목이 되면 한 달 전부터 준비해야 했어요. 그때는 떡 방앗간이랑 양조장이 제일 바빴지. 1970~1980년대만 해도 그랬는데, 1990년대가 지나면서 현대화 바람이 분거야. 옛날에는 북적북적해서 재밌었지."

한때는 10여 명의 일꾼이 분주히 일하여 꽤 소란스러웠을 양조장. 지금은 박환서 사장과 아들이 단출하게 지키고 있다. 다른 일을 하던 아들이 얼마 전부터 양조장 일을 돕고 있다고. 옛날에는 매일 작업하는 게 당연했지만, 요즘은 판매량이 많지 않아 사나흘에 한 번꼴로 작업을 한다고 했다. 박환서 사장은 "소비자가 원하는 것이기 때문에, 시대의 흐름이에요."라고 담담하게 말하지만, 뒤늦게 막걸리 맛을 깨친 기자는 그런 상황이 아쉽기만 하다. "열심히 해서 소비자 기호에 맞게 하려고 해요."라는 뒤이은 말에 든든한 마음이 들지만, 51년간 지켜 온 맛만은 그대로 지켜졌으면 하는 생각이 들었다.

"옛날 대덕군에서 양조장 하시던 분들이 세천, 신탄진, 진잠 세 곳에 있는데 그 분들이랑 한 달에 한 번 정도 만나요. 뭐라고 하긴, 다 침체돼서 어렵다 그러죠."

양조장을 나서는 길, 보슬비가 내리는 유난히 을씨년스러운 날씨에 잠깐 몸서리를 쳤다. 파전에 막걸리 한잔이 절로 생각나는 날씨다. 문득 '이런 날에는 옛날에도 막걸리가 잘 팔리지 않았을까.' 하는 생각이 들었다.

"비가 오면 장사가 안됐어요. 옛날에 막걸리는 농사짓는 사람들이 일할 때 많이 먹기 때문에 농주라고 했어요. 비가 오면 일을 못 나가니까 자연히 막걸리가 안 팔렸죠."

떠나기 전 아쉬운 마음에 다시 한 번 카메라를 꺼내 오래된 현판을 향해 셔터를 눌렀다. 그러자 박환서 사장은 "이것도 벌써 51년이나 됐네…. 허허." 하며 웃음 짓는다. 발길이 쉬이 떨어지지 않아 자꾸만 뒤를 돌아다봤다.

(2015년 2월 94호)

'世一酒造場'이라고 적힌 나무 현판은 세월의 더께를 그대로 품고 있었다.

어려웠던 이야기는 하려면 끝이 없다.
이제 그만 이야기하고 싶다.
참 살기 힘든 세상이었다.

비틀거리던 때는 지나고
매일 **비슷한 시간**이 흐른다

비틀거리던 때는 지나고 매일 **비슷한 시간**이 흐른다

중앙키 정봉래 씨

글 사진 이수연

오전 7시 40분 문을 열고 오후 5시 문을 닫는다. 열쇠를 가지고 다니는 사람이 점점 줄면서 열쇠를 복사하거나 새로 만들러 오는 사람도 점점 준다. 한 평 남짓한 컨테이너 앞에 바글바글 손님이 몰리던 때도 있었지만, 하루에 네댓 명 정도 오는 것도 나쁘지 않다.

꾸벅꾸벅, 시간은 잘도 간다

아직 따뜻한 가을 햇볕에 고개를 맡긴다. 오후 햇볕에 쏟아지는 졸음에 꾸벅꾸벅 시계추처럼 머리를 끄덕인다. 새벽 4시면 눈을 떠 전동휠체어를 타고 인동에서 중앙시장으로 넘어온다. 4~5년 전만 해도 자전거를 타고 다녔던 길이다. 지금은 허리 밑으로 마비가 와서 걷기조차 힘들어졌다. 휠체어 타고 다니는 길이 멀게도 가깝게도 느껴지지 않는다. 매일같이 다니는 길이고, 몇 십 년을 다니던 길일 뿐이다.

중앙시장에서 열쇠 집을 하기 시작한 지는 60년 가까이 됐다. 처음에는 노점이었다. 골목길 한편에 자리를 펴고 시작하다가 지금 컨테이너 자리에라도 온 게 50년 정도다. 원래는 가방 만드는 걸 배워서 가방 만드는 일을 하려고 했다. 일본인이 운영하던 가방 집에서 지퍼, 가죽 다루는 것 등을 배웠다. 덜컥 6·25전쟁이 터졌다. 전쟁은 말도 못하게 뒤숭숭하게 지나갔다. 대전역 근처에 있다가 눈앞에서 떨어지는 폭탄을 목격했다. 흙이 온몸을 뒤덮었다. 몸이 뜨끔뜨끔했다. 요즘 허리 아픈 게 그때 후유증이 아닌가 싶을 때도 있다. 전쟁 이후 열쇠를 배웠다.

하 수상한 시절이었다. 서민들에겐 먹는 게 가장 큰 전쟁이었다. 썩은 고구마로 겨울을 나던 시절 때문에 지금도

돈벌이만 된다면 뭐든 했다.
그러다 열쇠를 제대로 한 게 60년 가까이 된다.

고구마는 먹지 않는다. 12남매였는데 그중 셋만 남았다. 배곯다 죽은 이도 있고, 먹고살려고 누군가 따라간 이도 있고, 아파서 죽은 이도 있고, 다양한 이유로 세상을 떠나고 곁을 떠났다. 누구의 죽음보다도 어머니의 죽음이 아직도 가슴에 멍울로 남았다. 가여운 어머니 생각을 하면 지금도 눈물이 난다. 제대로 슬퍼할 겨를도 없었다. 시절이 그랬다. 먹고사는 것 말고는 생각할 겨를도 틈도 없었다. 책임져야 할 가족이 있었다.

열여덟에 어머니가 돌아가시고 스무 살 무렵 결혼을 했다. 그렇게 일찍 결혼하고 싶었던 건 아니다. 싫다고 도망다니던 걸 사촌 형이 잡아끌고 결혼식을 올렸다. 그때만 해도 때가 아니라고 생각했다. 지금은 맏아들이 환갑이 넘었다. 3형제를 뒀다. 자식을 낳으니 또 먹고살 걱정이 한가득이었다.

생각할 겨를도 무언가 할 겨를도 없었다

돈벌이만 된다면 뭐든 했다. 그러다 열쇠를 제대로 한 게 60년 가까이 된다. 누군가에게 배운 건 아니다. 손재주가 좋아서 뭐든 만드는 걸 잘했다. 열쇠 하는 사람들 옆에서 곁눈질로 배우고, 자리 깔고 앉아 직접 부딪혔다. 열쇠

열쇠 복제기에 넣고 모양을 맞춘다.
쇠가 깎여 나가며 쇳가루가 튄다.

그렇게 한자리에서 시간을 깎아
인생이라는 하나의 열쇠를 완성한다.

깎는 기술은 지금도 많이 변하진 않았다. 사람들이 열쇠를 가지고 오면 모양을 보고 가격을 부른다.

홈을 파야 하는 것도 있고, 비슷한 모양으로 깎으면 되는 것도 있다. 열쇠 복제기에 넣고 모양을 맞춘다. 홈을 팔 곳에 쇳덩이를 대고 복제기로 누른다. 그렇게 힘든 일은 아니다. 요즘은 다리가 불편해서 말썽이다. 한 평 남짓한 공간에서 전동휠체어를 탈 수도 없으니 다리를 주욱 바닥에 끌며 다닌다.

열쇠 하면 대전에서는 제일가는 기술자라고 자부한다. 옛날에는 경찰들이 매일같이 찾아와 문 좀 열어 달라고 데려가곤 했다. 길거리에서 장사하는 처지이니 경찰들 부탁을 안 들어줄 수 없었다. 문 열리지 않는다는 신고가 들어오면 바로 갔다. 방에 갇힌 아이를 구출했던 일, 장롱을 안에서 잠그고 자살한 사람의 시체를 꺼냈던 일, 60년 가까운 세월 동안 별일이 다 있었다. 정보부, 보안대, 경찰서에서 하루가 멀다고 찾아왔다. 그것도 1990년대까지였다. 점점 열쇠는 사양산업으로 접어들었다. 그때부터는 가방도 함께 판매하기 시작했다.

원래 하나만 잘해서는 안 된다고 생각한다. 요즘 세상이 그렇지 않나. 그래도 열쇠 집 하면서 아들 셋 모두 대학도 보내고 대학원도 보냈다. 아이들 아파트 사는 데 보탬이

가여운 어머니 생각을 하면 지금도 눈물이 난다.
제대로 슬퍼할 겨를도 없었다.
시절이 그랬다.

되기도 했다. 1994년쯤에 막내아들 아파트 살 때만 해도 지금처럼 몇 억씩 들 때가 아니었다. 그게 뿌듯함인가. 뿌듯함이라면 뿌듯함이겠지.

참 어려운 세상이었다

세월이 그렇다. 50년, 60년이 언제 이렇게 갔는지 모르겠다. 일에 질리지 않는 사람이 어딨나. 하기 싫을 때도 물론 있었다. 그냥 계속했던 거지. 지금은 아무것도 하기 싫다. 벌써 여든다섯이다.

어릴 때는 배우고 싶었다. 학교도 더 가고 싶고, 공부도 더 하고 싶었다. 내가 못 배운 게 한이 돼서 아들들은 어떻게든 많이 가르치려고 했다. 아들 잘 키운 거? 그게 행복이라면 행복이겠지.

글쎄. 이제 와서 다른 일 하고 싶었던 게 뭐 있었을까, 생각할 필요 없다. 행복한 순간, 이런 거 없었다. 그냥 사는 게 힘들었다. 지난날 힘들었던 건 떠올리기도 싫을 때가 많다. 배고픈 거, 어떻게든 먹고 살아야 한다는 거 말고는 생각할 것도 기억할 것도 없었다.

우리 내외는 인동에 산다. 인동에 이사한 것도 1968년쯤이었다. 지금은 재개발한다고 해서 여남은 집 정도만 남았다. 지금은 동네 사람들 하나도 모른다. 재미있는 거 없다. 철거한 데는 사람들 다 떠났다. 아파트로 간다는 사람이 많더라.

옛날에는 술도 담배도 즐겼다. 지금은 모두 끊었다. 건강도 건강이지만 휘청거리면 자식들 보기가 민망하다는 생각이 들었다. 나 살던 시절은 모두가 어려운 시절이었다. 살아야겠다는 것 말고는 누구도 다른 생각은 할 수 없는 시절이었다. 그런 면에서 우리 어머니가 생각할수록 안타깝다. 좋은 거 하나도 못 보고 고생만 하다 갔다. 어머니처럼 불쌍하고 억울한 사람이 없다. 몇 년 전에 추풍령에 500평 정도 땅을 샀다. 어머니, 아버지를 화장하고 거기에 모셨다. 어머니 묘만 다섯 번을 옮겼다. 추풍령에 모시고 나서는 마음이 흐뭇하다. 다리가 불편해 자주는 못 간다. 나도 죽으면 화장해서 거기로 가고 싶다. 얼른 할머니도 자식도 모르게, 아프지 말고 떠나고 싶다. 자다가 편안하게 갔으면 좋겠다.

어려웠던 이야기는 하려면 끝이 없다. 이제 그만 이야기하고 싶다. 참 살기 힘든 세상이었다.

(2015년 11월 103호)

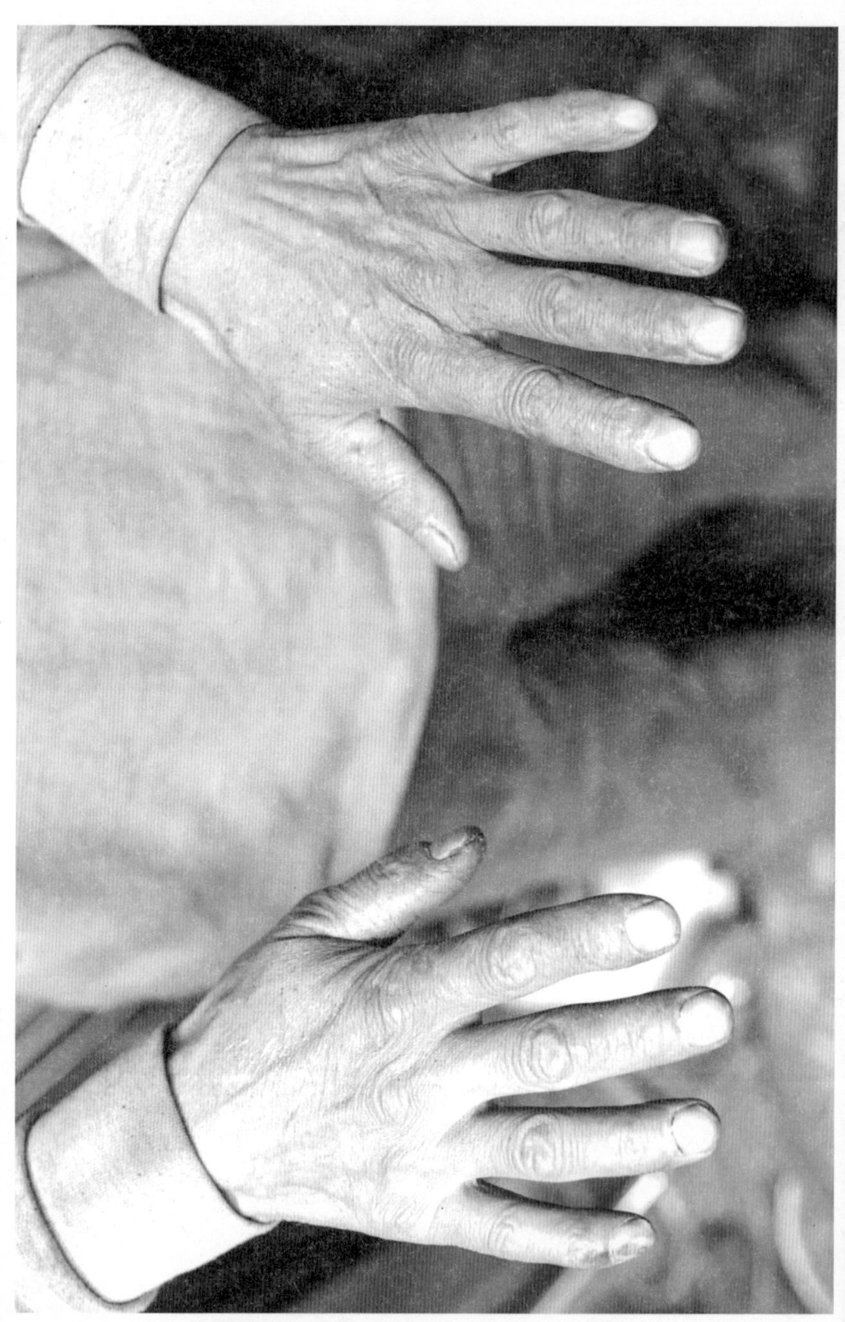

워낙 험하게 살아와 그런지 인내하는 것 하나는 자신 있다.

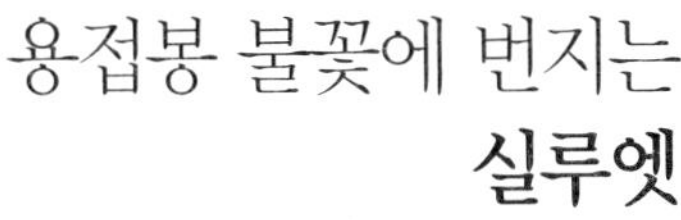

용접봉 불꽃에 번지는
실루엣

용접봉 불꽃에 번지는 **실루엣**

용접기술자 한신남 씨

글 사진 이용원

1944년 충청북도 충주시 호암동에서 태어났다. 3형제 중 장남이다. 지금은 모르겠지만 내가 태어났을 때 그곳은, 마을 뒷산에 범바우가 있던 두메산골이었다. 그곳에서 열세 살에 대전시 정동으로 이사했다. 잘 사는 사람이 모여 사는 동네는 아니었다. 집안 형편이 무척 어려웠다. 아버지가 청주상업고등학교 축구선수로, 문학반 멤버로 이름을 날렸지만 가산을 탕진해 집안은 순식

간에 가난 속으로 곤두박질쳤다.

학교도 제대로 다니지 못하고 닥치는 대로 일했다. 구두닦이에서 신문팔이, 아이스께끼 장사까지 안 해 본 것이 없다. 인쇄소와 보일러 공장 등 다양한 곳에서 일하고 열일곱 살부터 본격적으로 용접기술을 배웠다. 대전과 서울 등지에서 일하며 고된 하루하루를 보내는 삶이었다.

빨리 군에 가고 싶었지만 군 입대 영장도 신체검사 통지서도 나오지 않았다. 어려서부터 해군에 꼭 입대하겠다는 생각을 했다. 바다도 실컷 보고 섬에도 가 보고 외국에도 나갈 수 있다는 이야기를 들어서다. 스무 살을 훌쩍 넘겼는데도 연락이 없어 충주시 호병계에 찾아갔다. 사정을 설명하고 호적을 찾았다. 아무리 찾아도 흔적이 잡히질 않았다. 문제는 이름이었다. 집에서 계속 한상만이라 불렀기에 그게 본명인 줄 알았는데 호적에는 한신남으로 등재되어 있었다. 증조할아버지 이름과 당시 할아버지가 살았던 동네를 기억해 내고 어렵게 찾아내, 이 사실을 확인할 수 있었다. 고모네 댁에서 며칠을 머물며 찾아낸 결과였다. 당시 호병계 직원이 다른 사람은 군대 안 가려고 손가락도 자르고 별짓을 다 하는데, 넌 학력 때문에 면제일 텐데 왜 군대에 가려고 그렇게 애를 쓰냐며 궁금해했다. 다른 이유는 없었다. 해군에 입대하고 싶었을 뿐이다.

신체검사를 하니 갑종 합격을 받았다. 당연했다. 키도 큰 편이었고 체력도 좋았다. 열네 살부터 열심히 운동했다. 힘을 키워야겠다는 생각에 콘크리트로 만든 아령이나 역기도 들었고 태권도도 배워 군 입대 전 이미 3단이었다. 지능검사 결과도 148이 나왔다. 해군 입대에 문제로 걸리는 건 오직 하나, 고등학교 졸업증명서였다. 한때 근무했던 인쇄소가 떠올랐다. 일반 인쇄소가 아닌 특수 인쇄소로 졸업앨범이나 각종 상장 증명서를 도맡아 인쇄하던 곳이었다. 그곳에서 여전히 일하던 친구에게 부탁해 졸업증명서를 만들었다. 잘못된 일이라는 걸 알았지만 그 정도로 해군에 입대하고 싶었다. 친구가 만들어 준 지역 농업고등학교 졸업증명서를 제출하고 해군 입대 시험을 치렀다. 결과는 합격이었다.

______포탄 케이스로 가정용 보일러를

1967년 해군에 입대하기는 하였으나 꿈꾸었던 군생활과는 조금 다르게 흘러갔다. 용접기술은 군에서도 유용하게 쓰였다. 부대 내는 물론이고 장교가 거주하는 주택에 출장을 다녀야 할 정도였다. 진해에 살던 한 장교 집에 간단한 일을 해 주러 갔다가 보일러 이야기가 나왔다. 당시에는 목욕탕이나 공장에서 보일러를 사용할 뿐 가정용 보일러는 없을 때였다. 집이 너무 추워 난방 문제를 얘기하다가 보일러 설치 이야기로 확대되었다. 친밀하게 지내던 대위 부탁에 마냥 거절할 수는 없었다. 변변한 설비도 없던 시절에 함포로 썼던 40밀리미터 포탄 케이스를 펴서 보일러를 만들고 다른 부속은 구입했다. 석유를 원료로 사용하고 스팀으로 물을 데우는 공업용 보일러 시스템이었다. 그때만 해도 군에서 석유를 구하는 건 그리 어려운 일이 아니었다. 부사관과 장교가 쓰던 출퇴근용 가방이 있었는데 그 가방에 양철로 만든 신나통 두 개가 딱 들어갔다. 신기할 정도였다. 아침에 빈 통으로 들고 왔다가 퇴근하는 길에 석유를 채워 가는 게 별다른 일이 아니던 시절이었다.

그날로부터 한 달 휴가증을 받아 대위 집에서 머물며 보일러를 시공했다. 한 달 동안 공사를 마무리하고 시운전하는 날, 방이 뜨거워지고 욕실과 부엌에서 뜨거운 물이 나오는 걸 보고 그 대위는 놀라 까무러칠 지경이었다. 따뜻한 방에서 하루 자고 가라는 권유를 받고 다음 날 진짜 휴가도 받았다. 고향에 계신 어머니께 맛있는 것 사다 드리라고 용돈도 받아 쥐고 휴가를 떠날 때까지는 정말 신났다. 그런데, 그것이 고난의 시작이었다. 그 뒤로 한 달 휴가증을 받아 보일러 시공하는 게 일이었다. 시공을 끝내고 전함에 복귀할 때는 먹을 것과 담배 등 동기와 선임에게 줄 물건을 잔뜩 사 가야 했다. 매일 밖에 있으니 부대 동료들이 곱게 볼 리가 없었다. 본래 해군은 전속이 많았다. 일반 병사는 보통 6개월에 한 번 장교는 1년에 한 번 정도 배를 옮겼다. 근데 나는 한군데서 28개월을 근무했다. 병장을 달고 한두 달 지나서야 전속 요청을 받아 주었다.

그렇게 옮긴 곳이 해군사관학교였다. 문제는 전속 첫날부터 불거졌다. 전속 빠따(구타)만 64대를 맞았다. 손으로 맞은 건 뺀 숫자다. 그렇게 맞고 잠자리에 들었는데 부사관 한 명이 술 마시고 들어와 삼는 병사들을 깨워 집합시켰다. 술에 취했는데 밖에서 무엇인가 안 좋은 일이 있던 모양이다. 내가 맞은 그 야구 방망이로 다시 구타를 시작했다. 내 차례가 되었을 때 도저히 맞을 수가 없었다. 야구방망이를 뺏어 그 부사관을 때리고 망해봉을 향해 달렸다. 망해봉은 해군사관학교 뒤에 있는 제법 높은 산이다. 그날이 1월 30일이었던 것으로 기억한다.

따뜻한 별 하나, 눈물 왈칵

눈을 떴을 때 난 가시덤불 아래 눈밭에 누워 있었다. 온몸이 굳어 잘 펴지지도 않아 한참을 꼼지락거린 끝에 간신히 몸을 움직여 일어섰다. 코피를 흘렸는지 앞섶은 피투성이고 옆에는 들고 달렸던 야구방망이가 놓여 있었다. 방망이에 누군가 손가락만 한 굵기의 로프에 본드를 발라 칭칭 감은 후 페인트를 칠하고 보기 좋게 '어머님의 사랑'이라는 글귀도 적어 놓았다. 앞날이 캄캄했다. 그대로 있을 수는 없는 노릇인지라 한참을 걸어내려 오니 사관학교장 집무실 뒤였다. 철조망에 앞에 서 있는데 기상 나팔소리가 들렸다. 무얼 해야 할지 모른 채 그대로 서 있는데 잠시 후 학교장과 부관, 당직사관이 걸어오는 게 보였다.

생각할 겨를도 없이 담장을 뛰어넘었고 학교장 앞으로 달려가 관등성명을 댔다. 한 손에는 방망이를 든 채로, 언제 떨어졌는지 앞섶에 명찰도 없었다. 놀란 당직사관과 부관은 권총을 뽑아 겨눴다. 학교장이 손을 저어 부관과 당직사관을 제지하고 나에게 따라오라 손짓했다. 교장실로 데리고 들어가더니 당직사관과 부관을 내보냈다. 준장이었던 교장의 첫마디는 "너 배고프지?"였다.

벨을 눌러 당번병을 불러 밥 좀 맛있게 해서 많이 갖다 주라고 지시하고는 집무책상에 앉아 아무 말도 하지 않았다. 지금도 그렇지만 그때도 많이 먹는 편이었는데, 밥 한 그릇 비운 것을 확인하더니 다시 당번병을 불러 한 그릇 더 가져다주라고 지시했다. 그 밥마저 다 비우고 마지막

텔레비전에 나오는 어떤 여교수가 자신은 가을 여자라고 하던데 나는 이미 겨울 남자였다.

숟가락을 들어 입에 넣었는데 옆으로 오더니 등을 두드리며 "왜 그러나 이 사람아, 사고 쳤어?"라고 물었다. 그 목소리가 얼마나 인자한지 눈물이 쏟아지기 시작하는데, 입안에 넣은 밥을 넘기지도 못하고 목 놓아 울었다. 태어나서 한 번도 들어보지 못한 인자한 목소리에 그렇게 눈물이 쏟아졌다.

큰사람은 정말 달라도 무언가 달랐다. 별 하나를 단 준장이 사고 친 병장을 집무실로 불러 아침을 챙겨 주고 등을 두드리며 그리 인자한 목소리로 자초지종을 묻는 것이 결코 쉬운 일은 아닐 게다.

밤에 있었던 일을 모두 털어놓으니 부관을 시켜 내무반에 가서 내 개인 용품을 챙겨 오라 지시했다. 그 사이에 이곳저곳 전화하기 시작하는데 자세한 내용은 알 수 없었지만 나를 데려갈 곳을 찾는 모양이었다. 사고를 쳤으니 처분을 기다리는 수밖에 없었고 날 데리러 오는 곳이 헌병대가 아니기만을 빌 뿐이었다. 시간이 흐른 후 군용 차량이 들어왔고 그 길로 한 섬에 들어가 4개월간 훈련을 더 받았다. 세상에 밝힐 수 없는 특수부대였다. 훈련이 끝난 후 무인도에 들어가서 단둘이 근무했다. 계급장도 부대 마크도 없었다. 그 섬은 임진왜란 때 명나라 원군 진린 장군 휘하에 있던 팽도독이라는 이가 전사한 명군을 묻은 곳으로 알려져 있었다. 실제로 비가 내리면 당시에 묻었던 석관이 드러나 그 속에 있는 짙은 회색빛 유골이 드러나는 일이 흔했다. 전쟁통에 석관까지 챙겨 시신을 묻은 것이 신기할 뿐이었다. 진해에서 나이 좀 있는 사람들은 그 섬에서 묘한 일이 일어난다고 얘기할 만큼 기묘한 섬이었다. 여하튼 그곳에서 근무하다 스물여덟 살에 제대했다. 정상적인 제대 날짜보다 한참 늦은 제대였다.

학력 때문에 떠난 다대포

제대할 때 군에서 수고했다며 취직을 알선해 주었다. 당시 우리나라에는 큰 합판회사가 세 개 있었다. 성창합판과 반도목재, 태창합판이다. 성창합판과 반도목재는 별도 회사지만 아버지와 아들이 각각 맡아 운영했다. 반도목재는 부산 다대포에 있었는데, 규모가 어마어마했다. 처음 성창합판에 취직했다가 보일러 기관실 책임자로 반도목재에 갔다. 반도목재 기관실에서 일하던 어느 날, 무척 추운 겨울이었다. 보일러실 물탱크가 터졌다. 물탱크는 보일러보다 높은 위치에 있다. 보일러에 물이 자동으로 들어가도록 하기 위해서다. 건물 4~5층 높이다. 이곳에서 물이 터져 보일러에 물이 들어가지 않아 가동을 중단할 수밖에 없는 상황이었다. 현장에 가 보니 사람들이 밑에 모여 웅성웅성할 뿐 대책을 세우지 못했다.

무슨 생각으로 그랬는지 모르겠지만 발에다 새끼줄을 감고 비닐을 뒤집어쓴 채 물탱크에 올라갔다. 고드름이 매달려 있을 정도로 추웠고 바다에서 불어오는 바람은 무척 강했다. 임시 조치를 해 놓고 비틀거리며 내려오니 몸은 한없이 떨리고 정신은 몽롱했다. 대기했던 사람이 나를 담요로 싸서 한 사무실로 데리고 들어갔다. 반도목재 사장실이었다. 그곳에서 술 한 잔을 마시고 그대로 쓰러져 잠이 들었다. 잠에서 깨니 사장이 내려다보면서 뜨거운 커피 한 잔을 내주었다. 그때만 해도 커피는 무척 고급 음료였다. 커피를 마시고 시켜 준 음식을 먹은 뒤 사장과 이런저런 얘기를 나누었다.

해군 특수부대 근무 경험이 있고 주특기는 심해 잠수라는 이야기도 나왔다. 그 뒤로 거래처 중요 인사들이 오면 사장과 함께 배를 타고 동백섬 근처에 갔다. 일종의 안전요원이었다. 다대포와 동백섬은 대략 500미터 정도 떨어져 있었는데 바닷물이 들어오면 백사장이 살짝 묻히고 물이 빠지면 육지처럼 걸어갈 수 있는 곳이었다. 동백섬에 꽃이 피면 풍광이 그렇게 아름다울 수가 없었다. 다대포 앞바다 모래가 얼마나 고운지 밤에 문을 닫고 자도 모래가 들어와 귓바퀴에 소복이 쌓일 정도였다.

여하튼 그렇게 아름다운 곳에서 사장 곁에 있다 보니 무척 가까워져 진급이 빨랐다. 보일러 기관실 책임자로 있다가 공무계로 인사발령이 났다. 호사다마였다. 공무계장으로 발령이 나면서 각종 증명서를 요구했다. 눈앞이 깜깜했다. 군 입대 전 서울에서 공장생활 할 때 상왕십리에 성동중학교와 성동고등학교 야간반에 다니긴 했지만 군인이나 경찰관이 와서 가르치던 곳이었다. 각 1년 과정으로 2년이면 끝났기 때문에 졸업증명서가 나오지 않았다.

사우디아라비아와 토바고

진급 후 휴가를 주어 고향에 왔다가 한참을 고민했다. 4년 넘게 다닌 그 회사를 그만두었다. 많이 속상했다. 이 문제 때문에 어머니하고 말다툼도 했다. 많이 속상했던 모양이다. 지금으로 치면 삼성이나 현대 같은 대기업이었다. 그 대기업을 단지 졸업증명을 하지 못한다는 이유 때문에 그만두어야 하는 현실이 답답했다.

이후에 대전에 있는 보일러 공장에 들어가서 일도 하고 여기저기 용접일을 했다. 지금도 그렇지만 옛날에도 용접 기술이 있으면 취업하기는 어렵지 않았다.

그러던 중 서른다섯 살에 진흥기업이라는 곳을 통해 사우디아라비아에서 1년 근무했다. 돌아온 후 반 년 정도 있다가 신남산업 기술자로 '트리니나드 토바고'라는 나라에 갔다. 충청북도 면적과 비슷한 이곳은 인구 150만 명 정도가 모여 사는 조그만 섬나라였다. 석유가 있으나 뽑아낼 기술이 없어 미국 석유회사에서 석유를 뽑게 하고 달러나 석유로 수수료를 받는 게 주요 산업이었다. 이곳에서 원양어선 선박을 수리하는 공장 용접 배관공으로 일했다. 서른여섯 살 먹은 해, 8월부터 일을 시작했다. 원양어선을 수리하던 중 현지 자동차 정비공장에서 나를 스카우트했다. 말이 정비공장이지 공장 안에 골프장이 있을 정도로 어마어마한 크기였다. 내가 박판(薄板) 용접을 잘해서 데려갔다.

이곳에서도 책을 놓지 않았다. 허리에 늘 매고 다니던 작은 가방에는 한영사전과 영한사전이 들어 있었다. 사전 두 개를 가지고 영어를 익혔다. 사우디에서 일할 때는 한 달에 70만 원 정도 벌었고 토바고에서는 100만 원 정도 벌었다. 당시 한국에서는 20만 원 정도 벌 수 있을 때였으니 적잖은 돈이었다. 토바고는 40도를 오르내려 특별히 돈 쓸 일도 없었다. 처음엔 쌀을 사서 밥을 지어 먹었으나 돌이 너무 많이 섞여 있는 바람에 식빵을 사다가 토스트 버터구이를 해 먹기 시작했다. 반찬이나 옷, 세간살이가 별로 필요하지 않고 연료도 무척 싸 생활비가 거의 들어가지 않았다.

토바고에서 2년 일하고 대전에 돌아와 목공장 사업을 시작했다. 나를 포함해 세 명이서 일을 시작했다. 당시 내 나이 서른여덟 살이었다. 공장에서는 아파트에 들어가는 문과 몰딩, 등박스, 티파니장 등 당시 나무로 만들었던 제품 일체를 제작해 납품했다. 사업은 점점 번성했다. 꼼꼼하게 일을 챙기는 버릇이 있어서 제품을 완벽하게 만드니 협력업체도 늘고 직원도 늘었다. 사업은 흥하고 있었으나 직원이 열 명을 넘어서면서 노사분규가 일어나기 시작했다. 일을 수주했는데, 파업이나 태업을 하면 정말 미치고 환장할 일이었다. 성실하게 일 잘하고 회사 발전에 기여하는 사람을 더 대우해 주고 싶었지만 노조가 생기니 이게 쉽지 않았다. 지금도 계단식 사회는 옳지 않다고 생각한다. 결국, 공장 문을 닫았다. 대신 한얼주식회사라는 사무실을 중리동에 차렸다. 기존 거래 회사에서 들어오는 일을 수주해 김해 목공업단지나 인천 남동공단에 있던 공장에 하청을 주었다. 당시 인천 남동공단 모습은 장관이었다. 논에 수없이 비닐하우스가 들어섰는데 농작물을 재배하는 게 아니었다. 비닐하우스 한 동이 공장 하나였다. 밤에는 불야성을 이뤄 장관이었다.

그렇게 고되거나 어렵지 않다.
어느새 내 몸이 쇳덩이가 된 모양이다.

사무실 내고 입만 가지고 사업하는 게 그렇게 편할 수가 없었다. 직접 공장을 운영하는 것보다 수익도 훨씬 좋았다. 새로운 세상을 만난 것 같았다. 사업은 계속 성장세였다.

그러다 88서울올림픽을 한 해 앞둔 1987년 불경기를 맞았다. 거래하던 대창기업 등 건설회사 7~8개가 한꺼번에 부도를 맞았다. 어음 거래를 했는데 이것이 모두 휴지 조각이 된 것이다. 하청업체에 현금 결제를 해 줘야 하는데 도리가 없었다. 빚잔치를 한바탕 벌이고 나니 손에 남는 것이 없었다. 이때 처하고도 헤어졌다. 절망적이었다. 세상도 사람도 믿을 수 있는 것이 없었다. 결국 1988년 올림픽이 끝난 가을, 일본에 건너갔다.

일본에서 무역회사 통역원으로

당시 신문을 보면 일본에서 일할 노동자를 구하는 광고가 심심찮게 나왔다. 그 광고를 보고 일본에 갔다. 그렇게 일본에 가면 '함바'라는 곳에 머물렀다. 한국인이 운영했던 함바는 밥도 주고 잠자리도 제공하고 일도 소개했다. 고용주는 고용 비용을 함바에 지급하고 함바에서 밥값과 숙박료, 수수료 등을 제하고 노동자에게 지급했다. 얼마나 떼는지 알 수 없었지만 그렇게 해도 당시 200~300만

원 벌이는 되니 큰 불만들은 없었다. 잡부로 일을 나가면 일당으로 만 3천 엔 정도 받았고 용접일을 하면 만 6천 엔 정도 받았다.

처음에는 많이 힘들었다. 삽질하면 손이 다 부르트고 용접일도 다시 하려니 한동안 쉬어서 옛날 손놀림이 안 나왔다. 한 1~2년 정도 하니까 옛날 실력이 나오긴 했지만 계속 그렇게 일하고 싶지는 않았다. 사업을 해 본 후라서 머리를 써서 돈을 벌고 싶다는 생각이 더 강하게 들었나 보다. 당시 일본어 공부를 열심히 해서 현장에서 통역이 필요할 때면 날 부르곤 했다. 일본어 학원을 다닌 것도 아니다. 매일 《요미우리신문》 두 장을 빽빽하게 베껴 썼다. 현장에서 듣고 신문 글자를 베껴 쓰고 책을 보면서 일어를 익혔다. 그때 누군가가 여기서 이렇게 일하지 말고 통역이나 번역일을 해 보라고 제안했다.

그 말을 듣고 컴퓨터 학원에 등록해 컴퓨터를 배웠다. 일본에서 글 배우고, 말 배우고, 컴퓨터까지 배운 셈이다. 컴퓨터를 모두 익힌 후 일본어 공부에 마침표를 찍었다. 그때 《요미우리신문》에서 구인광고를 보았다. 무역회사에서 통역과 번역, 무역업무를 지원할 직원을 구한다는 광고였다. 당시 내 나이는 50대 중반이었다. 내세울 만한 학력도 없고 나이도 많았지만 일단 이력서를 냈다. 시험을 보고 최종 면접 대상자에 뽑혔다. 함께 면접 보는 이는 대부분 일본에서 대학을 졸업했거나 대학원에서 박사과정까지 끝낸 젊은 유학생이었다.

면접 후에 포기하고 있었는데 합격했다는 연락을 받았다. 나중에 안 사실이지만 내 사업 경력과 경륜이 오히려 득이었다. 무역회사 통역이 단순히 말을 전달하는 것 이상의 깊이 있는 이해가 필요한 업무였고 내 경험과 나이는 훌륭한 자산이었다. 보수도 적지 않았다. 일본 하위직 공무원이 17만 엔 정도를 받을 때 나는 30만 엔을 받았다. 아파트는 도쿄 신주쿠에 있었다. 좋아하는 책도 읽고 업무에 만족하며 잘 살고 있었는데 비자에 문제가 생겼다.

친구 회사를 통해 기간이 긴 비자를 받았는데, 이 회사가 망한 거다. 만료기간이 두 달여 지났지만 해결을 못했다. 그래도 별 문제가 없을 거라 생각하고 시즈오카 현에 있는 누마즈라는 작은 도시에 출장을 갔다.

근데 하필이면 이날 이 도시에서 검문이 필요한 사건이 났던 모양이다. 신칸센 역에서 검문이 벌어졌고 비자 기간이 지나 불법체류자 신분이었던 나는 바로 경찰 유치장에 수감되었다. 일본 무역회사 생활 6년 만에 벌어진 일이다. 그렇게 경찰 유치장에서 한 달, 출입국 관리사무소에서 한 달을 붙잡혀 있었다. 그 기간 동안 재판을 받고 한국 영사관에서 비행기 티켓을 구입할 수 있는 임시 비자를 발급받은 후 통장에 입금해 두었던 돈만 받아 한국으로 강제 출국당했다. 신주쿠 아파트에 있는 책과 세간살이, 일본에서 친구들에게 빌려주었던 돈도 그냥 버려두어야 했다.

전원생활도 실패

통장 잔액은 180만 엔 정도가 전부였다. 우리 돈으로 2천만 원 남짓한 금액이다. 2003년 귀국했으니 일본으로 떠난 지 15년 만에 귀국한 거다. 갖고 있는 돈이 큰 사업을 시작할 만큼은 아니어서 서울 충무로 3가에 통역과 번역, 무역업무를 지원하는 조그만 사무실을 열었다. 잘 안 됐다. 요즘에는 컴퓨터나 전화기에서도 자동 번역을 해 주니 될 리가 없었다.

사무실 문을 닫고 취직하려 했으나 쉽지 않았다. 일본에서는 별 문제가 되지 않았던 나이가 우리나라에서는 걸림돌이었다. 전화 문의 과정에서 목소리를 듣고 제일 먼저 나이부터 물었다. 나이를 듣고 모두 면접 기회조차 주지 않았다. 소일거리로 화투놀이 하는 곳도 들락거리고 빵빵이(사교춤) 하러도 다녀 봤다. 모두 부질없었다. 괜히 뒤통수가 따가웠다.

산에도 가고 낚시하러 가는 것도 지겨웠지만 우리나라

에서 예순을 넘은 나이에 취직하는 것은 불가능했다. 텔레비전에 나오는 어떤 여교수가 자신은 가을 여자라고 하던데 나는 이미 겨울 남자였다.

가족 없이 혼자 지내면서 사랑을 받지 못하는 것도 힘들었지만 사랑을 주지 못하는 것도 그 이상으로 힘들었다. 이런저런 이유로 시골에서 전원생활을 하고 싶었다. 통역 사무실 문을 닫고 경상북도 봉화군 석포면이라는 곳에 땅을 구했다. 강원도 태백시보다 더 산골이었다. 컨테이너 박스 하나 놓고 생활하면서 밭을 일궜다. 비닐하우스를 지어 닭을 키웠다. 군대에서 농업과 축산업에 관한 책을 많이 읽었던 게 도움이 되었다. 문제는 배타적인 분위기였다. 원주민들에게 나는 무척 낯선 존재였던 모양이다. 밭을 일굴 품 구하기도 어려웠다. 할 수 없이 고사리와 두릅을 키워야겠다고 마음먹었다. 조금씩 손으로 밭을 가꾸면서 산에서 두릅과 고사리를 캐 옮겨 심었다. 그렇게 고생하면서 2년 정도 농사를 지었을 때 가지고 있던 돈이 모두 떨어졌다. 수확은 3년 차나 되어야 가능할 때라 막냇동생에게 도움을 요청했다. 막내는 시골에서 그러지 말고 자기 사업을 도와 달라고 얘기했다. 천 평을 직접 손으로 일궜는데 포기하기가 쉽지 않았다. 망설이고 고민도 많이 했다. 결국, 제안을 수락해 동생 사업체에서 함께 일했다.

이게 쉬운 일이 아니었다. 성향과 기질이 다르니 부딪히는 일이 많을 수밖에 없었다. 열 살 차이 나는 동생이라 어려서부터 많이 예뻐했는데 일을 같이한다는 건 또 다른 문제였다. 1년 남짓 함께 일을 하다가 결별했다.

안타깝지만 어쩔 수 없는 일이었다.

다시 용접봉을 쥐고

그때 가지고 있던 돈이 400만 원이었다. 지금 인동에 보증금 200만 원짜리 가게를 구하고 월세를 주고 나니 200만 원도 채 안 남았다. 할 수 없이 차를 팔아 돈을 보태 '쇠사랑'이라는 금속공예 전문점을 차렸다. 기구를 살 돈도 제대로 없어 많이 애를 먹었지만 성실하고 꼼꼼하게 작업하니 입소문이 퍼져 일거리가 늘었다. 섬세한 용접 작업과 아이디어가 경쟁력이었다. 요즘에는 중국제 철공예 소품이 많이 나와서 그걸 사다가 조합해 물건을 만들 수 있지만 난 그렇게 하지 않는다. 꽃부터 모든 장식을 직접 만든다. 사다리와 분도기, 클램프 등 어지간한 작업도구도 필요에 따라 직접 만들어 쓴다. 몇 년 전 내가 쓰려고 만든 나무 난로는 많은 사람이 탐낼 정도다.

이런 섬세하고 창의적인 작업을 하다 보니 철문과 인테

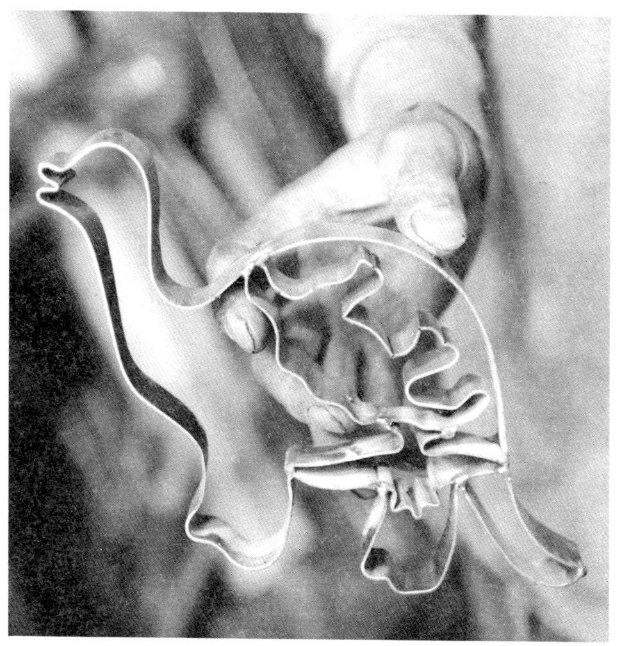

섬세하고 창의적인 작업을 하다 보니 쿠키 공장 캐릭터 틀까지 다양한 일거리가 들어온다.

리어 소품뿐만 아니라 쿠키 공장 캐릭터 틀까지 다양한 일거리가 들어온다. 일거리가 많아 아침 9시 40분쯤 문을 열고 일찍 끝나면 10시, 보통 12시, 새벽 2시까지 일하지만 그래도 신난다.

유성에서 살던 거처도 지금 작업장 2층으로 옮겼다. 겨울에 오토바이 타고 출퇴근하는 것도 어렵고 작업 시간도 늘리기 위해서다. 혼자 밥해 먹으며 살아가는 것이 적적하다 생각할지 모르겠지만 그렇지도 않다. 시간이 날 때마다 길 건너 헌책방 골목에 책 사러 간다. 책 읽기는 어려서부터 나의 즐거운 취미생활이자 낙이다. 일본어도 잊어버리지 않기 위해 일본어로 된 책도 꾸준히 본다. 일을 끝내고, 아니면 틈틈이 책 읽는 재미가 쏠쏠하다.

'쇠사랑'이라는 간판을 걸고 작업한 게 이제 6년 정도다. 나이도 일흔을 바라보는 예순아홉이다. 쇳가루 많이 날리는 작업장에서 하루 종일 붙어 있지만 그렇게 고되거나 어렵지는 않다. 어느새 내 몸이 쇳덩이가 된 모양이다. 실제로 이 동네에서 나한테 팔씨름하자고 덤비는 사람이 없다. 어지간한 원재료 파이프는 그냥 어깨에 짊어지고 온다. 사람들이 놀란다. 워낙 험하게 살아와 그런지 인내하는 것 하나는 자신 있다.

그리고 여전히 꿈꾼다. 몇 년 전 중도에 포기했던 전원

생활을 다시 해 볼 생각이다. 시골에 장비를 가지고 내려가 농사지으면서, 부서진 농기구 고쳐 주며 살고 싶다.

(2012년 11월 67호)

'쇠사랑'이라는 간판을 걸고 작업한 게 이제 6년 정도다.

현미경으로 칼날을 봐 가며 연습했죠.

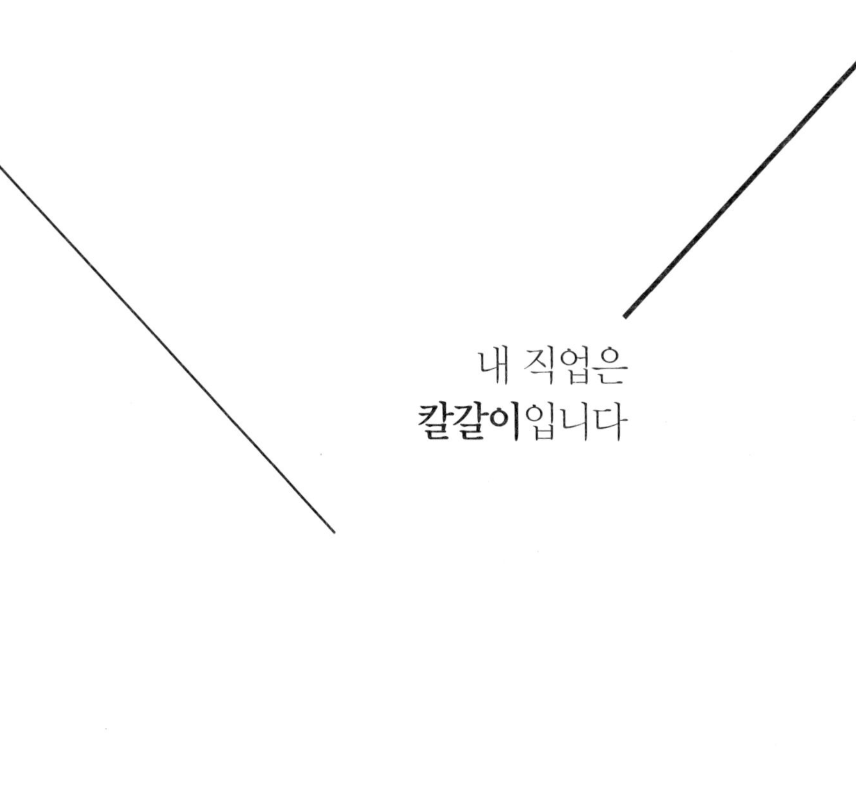

내 직업은
칼갈이입니다

내 직업은 **칼갈이**입니다

칼갈이 김덕호 씨

글 사진 송주홍

요란한 소음과 네온사인이 번뜩이는 거리. 백열전구 불빛에 의지해 차 안에서 칼을 갈던 그의 모습은 참으로 생경했다. 술집이 즐비한 거리에 칼갈이라니, 그때 본 그 강렬한 모습은 그 뒤로도 오랫동안 기억에 남았다. 그를 다시 만난 건 그로부터 한참이 지난 후였다.

요란한 소음과 네온사인이 번뜩이는 거리.
백열전구 불빛에 의지해 차 안에서 칼을 갈던 그의 모습은 참으로 생경했다.

직접 만든 칼갈이 기계

쉰다섯 살 때로 기억해요. 그 당시 한창 고민이 많았어요. 적어도 일흔 살까지는 몸을 쓸 수 있을 텐데, 앞으로 남은 15년, 뭘 할 수 있을까 고민이었죠.

서울에서 25년, 대전에서 5년, 내가 회계 일만 30년 넘게 했어요. 서울의 큰 회사에서 감사 실장까지 했었고, 대전에 내려와 식품회사 상무이사로 있으면서 총괄 업무까지 봤어요. 5년 동안 회사 규모를 여덟 배 이상 키웠죠. 그러는 사이 나이가 쉰을 넘기더라고요. 실력이 있어도 뭐가 잘 안 될 때였어요. 이런 저런 이유로 쉰하나에 식품회사를 그만뒀지요. 살길이 막막하더라고요. 그때 태어나서 처음으로 자영업이라는 걸 해 봤어요. 1년 하다가 그만뒀죠. 체질이 아니었던 거죠 뭐. 그때부터 2년 동안 안 해 본 일이 없어요. 인테리어 목공일, 건물 외벽 청소 등등. 티브이에서 칼갈이를 본 게 그즈음이었어요. 쉰다섯 살 때.

어느 날 티브이를 보고 있는데 서울에서 칼갈이 하는 사람이 나오더라고요. 칼갈이 하는 사람이 아파트에 갔는데 주민이 줄을 쭉 서는 거예요. 그 사람 하는 말이 칼 한 자루 갈아 주는 데 2천 5백 원이라고 하더라고요. 한 집에서 적어도 두세 자루는 가지고 나올 텐데, 얼핏 계산해 보니까 하루에 20만 원은 벌 것 같은 거예요. 그 순간 '이거다!'

싶었죠. 부랴부랴 핸드폰으로 티브이 화면에 나오는 칼갈이 기계를 몇 장 찍었어요.

원래 내가 손재주가 좀 있어요. 대전 내려오기 전에 인테리어 회사도 4년 정도 경영했었고, 평소에도 욕실 변기며 배관, 거실 전기, 목공은 어지간히 다 할 줄 알거든요. 티브이에서 칼갈이 기계를 사진으로 찍은 그날부터 밤낮없이 도면을 그렸어요. 자다가도 벌떡 일어나 사진 봐 가며 연구하고 또 연구했죠. 스티로폼으로 모형까지 만들어 테스트 과정을 거쳤어요. 그렇게 4개월여 만에 내 손으로 직접 칼갈이 기계를 만들었죠. 그때 생각하면 내가 도대체 저걸 어떻게 만든 건지, 지금도 신기해요.

음식점에 뿌린 스티커만 4천 5백 장

처음에는 내가 칼 가는 걸 얕잡아 봤어요. 기계 만들고 딱 하루 연습했으니까요. 다음 날부터 바로 거리로 나갔어요. 숫돌은 무슨, 숫돌로 갈아야겠다는 생각은 하지도 않았어요. 칼갈이 기계 하나면 될 거라고 생각했던 거죠. 한 며칠 기계로만 갈아 줬는데, 칼 갈아 줬던 집 여기저기서 연락이 오더라고요. 칼이 벌써 안 든다는 거예요. 그때 생각하면 지금도 아찔하지요. 그날부터 집에 와서 뭐가 문제

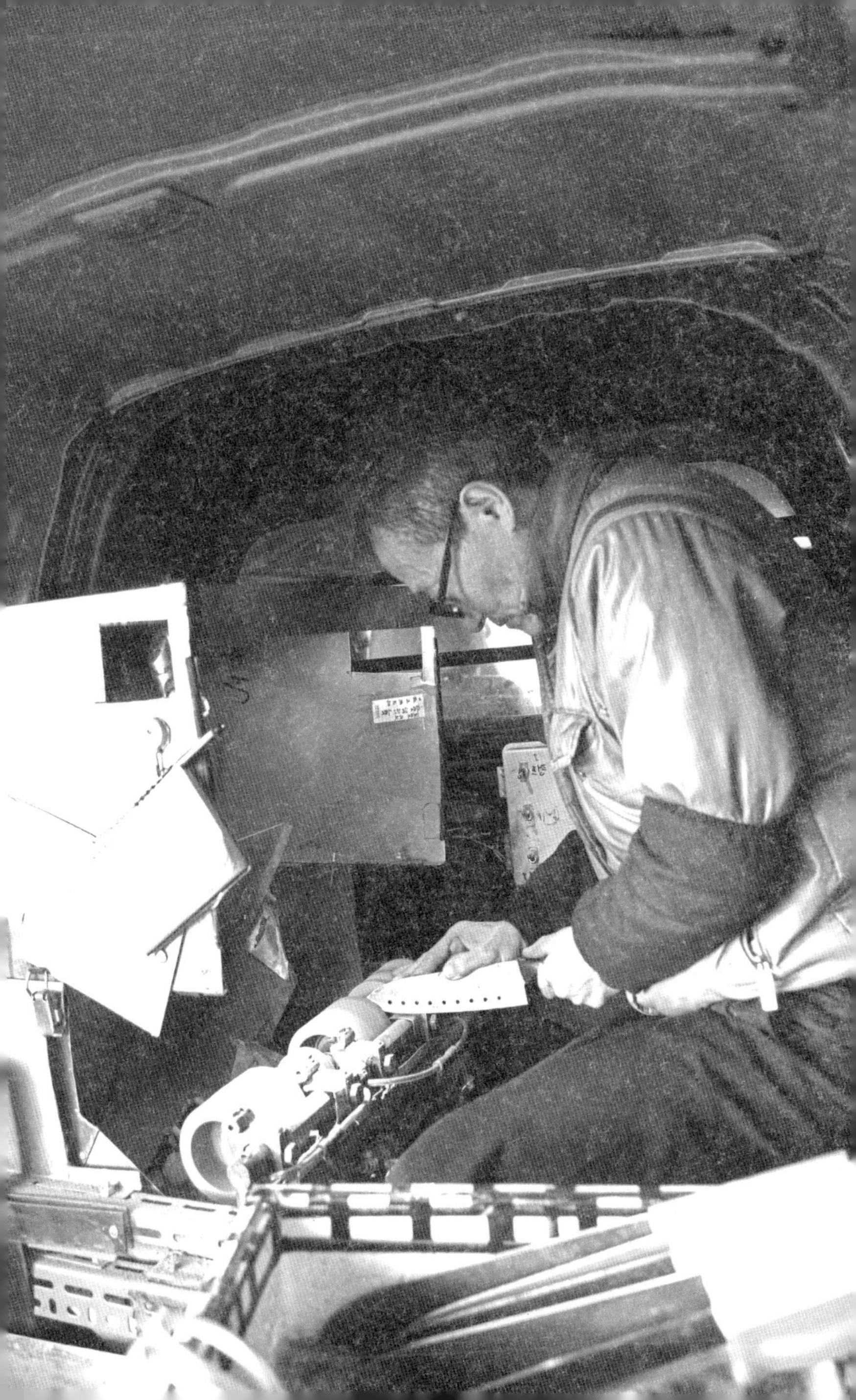

인지 곰곰이 생각한 거예요. 답은 하나더라고요. 숫돌. 바로 나가서 숫돌을 사 왔죠. 그때부터 현미경으로 칼날을 봐 가며 연습했죠. 그러고는 다시 나가서 기계로만 갈아 줬던 집을 일일이 찾아다니며 에이에스를 해 줬어요. 한 3일을 장사 안 하고 에이에스만 해 줬던 거 같아요.

숫돌로 가는 것까지 어느 정도 손에 익으려니까 정신이 번쩍 들더라고요. 당장 어디로 가야 할지 막막한 거예요. 처음에는 아파트 가서 방송도 해 봤어요. 티브이에서 봤던 것처럼 장사가 잘 안 되더라고요. 더군다나 집집마다 한두 자루씩 갈아 줘서는 타산이 안 맞는 거예요.

내가 평생을 관리직만 하면서 살았잖아요. 그 당시에는 영업직이 편하다고 생각했어요. 나는 세무서 갈 때 빼놓고는 매일 사무실에만 있는데, 영업하는 애들은 아침에 나가면 사우나에 가는 건지 일을 하는 건지 알 수가 없잖아요. 그러다가 영업 하나 따 오면 금방 눈에 띄는데, 회계는 백날 열심히 해 봐야 눈에 안 띄잖아요. 그래서 저놈들은 참 일 편하게 한다고 속으로 생각했죠. 근데 아니더라고요. 처음에는 아무 식당에나 무작정 들어간다는 게 머쓱하기도 하고, 남의 밥그릇을 뺏는 건 아닌지 마음도 쓰이더라고요. 그때 문득 어떻게든 자리 잡아서 일흔 살까지는 해야 하지 않겠나, 절박해야겠다는 생각이 들더라고요. 그래서 식당에 무작정 들어갔어요. 두 눈 질끈 감고 말했죠. "안녕하십니까? 칼 가실 때 되지 않았어요? 칼 하나 줘 봐요. 서비스로 갈아 드릴게." 그렇게 음식점마다 다니며 뿌린 스티커만 4천 5백 장이에요. 그랬더니 한두 군데 슬슬 칼 갈아 달라는 전화가 오더라고요. 자리 잡는 데 2년 걸렸어요.

______부러진 손목을 고정하고

끔찍했죠. 그날은 지금도 못 잊어요. 어느 정도 자리도 잡았고, 슬슬 바빠질 때였죠. 비가 추적추적 내리던 날이었어요. 그날도 마찬가지로 바쁘게 여기저기 다니는데, 가오동에서 칼 갈아 달라는 연락이 왔어요. 길가에 차를 세우고 음식점에 가려니까 난간이 있더라고요. 돌아갈까 하다가 바쁘기도 하고, 너무 뺑 돌아가길래 난간을 휙 뛰어넘었죠. 별일 없이 식당에서 칼을 받아 가지고 다시 차 있는 데로 온 거죠. 그래서 다시 난간을 넘어서 차로 오려다가 엎어진 거예요. 빗물 때문에 손바닥이 쭉 미끄러지는 바람에 그런 거죠. 순간 정신이 아찔하더라고요. 제대로 걷지도 못할 만큼 무릎이랑 손목이 욱신욱신했으니까요. 겨우 칼을 갈아서 다시 갖다 주고 병원에 갔더니 손목이 부러졌다는 거예요. 하는 수 없이 손목에 깁스를 했죠. 그 와중에도 칼 갈아 달라는 전화가 계속 오더라고요. 그래도 어쩔 수 있나요? 방법이 없으니까 한 3일을 쉰 거죠. 계속 주문은 밀리지 미치겠더라고요. 병원에서 적어도 한 달은 쉬어야 한다는데, 이게 쉰다고 될 문제가 아닌 거예요. 대전에 칼갈이가 나 혼자만 있는 것도 아니고, 식당이라는 게 아무리 단골이라고 해도 마냥 나를 기다려 줄 것도 아니고, 까딱하면 2년 동안 만들어 놓은 단골 다 뺏기겠다는 생각이 들더라고요. 깁스한 지 4일째 되던 날 깁스를 그냥 깨 버렸어요. 대신 볼링 할 때 손목에 차는 보호대를 끼고 다시 작업을 시작한 거죠. 그렇게 겨우 자리 잡은 거예요.

나는 요즘도 아침 10시 30분이면 집에서 나와요. 당장 일이 없어도 영업을 하든 뭘 하든 일단 나오는 거예요. 처음에는 집에서 점심 먹고 1, 2시쯤 나왔었거든요? 대부분 상대하는 집이 고깃집이니까, 오전에 나와 봐야 큰 의미 없다고 생각한 거죠. 근데 그게 아니더라고요. 아무리 해도 수익이 더 이상 안 늘어나길래 오전에 나오기 시작했더니 점심 장사하는 집도 꽤 많더라고요. 오전에 나오기 시작한 후부터 수익이 4만 원 정도 늘었어요.

집에 들어가는 건 대중없어요. 계절마다도 다르고요. 여름에는 날도 환하고 춥지도 않으니까 9시까지는 하죠. 겨울에는 날도 짧고 추우니까 그렇게까지는 못 하고, 보통 7시에서 8시면 판 접어요. 겨울에는 이러나저러나 일하기가 힘들어요. 일단 추우니까…. 그렇다고 차 문 닫고 할 수가 없거든요. 열어 놓고 해야 오가며 보다가 칼 맡기고 하는 거라서. 그래서 요즘은 일부러 햇빛 들어오는 방향으로 차를 받쳐요. 그러면 조금 덜 춥죠.

______어떤 일이든 미치면 된다

가끔씩 칼을 갈고 있으면 50줄 된 사람이 기웃기웃해요. 이거는 좀 할 만한 일인가 싶어 기웃거리는 걸 거예요. 보기엔 금방 배울 수 있을 것 같거든? 나도 처음에는 그랬으니까요. 머리로는 간단해요. 칼 가는 각도, 힘의 강약 조절, 숫돌, 이 세 가지만 신경 쓰면 되니까요. 칼 가는 각도는 가장 이상적인 게 15도이고, 힘은 밀 때 빼고 당길 때 주면 돼요. 칼 가는 순서는 일단 이빨 빠진 걸 문대고, 기계로 한 번 갈아 주고 거친 숫돌, 고운 숫돌 순으로 한 번씩 더 갈아 주면 돼요. 그리고 녹슨 거 닦아 주면 끝. 근데 그게 말이 쉽지, 막상 직접 갈면 쉽지가 않아요. 이게 머리로 안다고 해서 되는 게 아니니까. 지금이야 숙달되고 몸에 배서 칼 딱 잡으면 각이 나오지만 처음에는 나도 칼

한 자루에 320번을 왔다 갔다 했어요. 지금이야 200번만 왔다 갔다 하면 칼 한 자루 갈죠. 이게 별거 아닌 거 같아도 하루에 50자루면 엄청난 차이잖아요.

어떤 일이든 미치니까 안 되는 게 없는 것 같더라고요. 손재주는 있었지만 그렇다고 기계에 대해서 내가 뭘 아는 건 아니었어요. 말 그대로 기계에는 문외한이었죠. 근데 해야겠다는 생각으로 하니까 만들잖아요? 그리고 먹고 살아야겠다는 생각으로 하다 보니까 이렇게 자리를 잡고요.

대전에 칼 가는 사람이 대략 열댓 명쯤 있을 거예요. 그중에서 숫돌만 가지고 오토바이나 자전거 타고 다니는 사람들은 빼고, 나처럼 기계 들고 다니며 하는 사람이 두어 명 있어요. 그중에서도 나랑 라이벌이 한 사람 있는데, 확률적으로 단골집 세 곳 뺏기면 적어도 내가 열 곳은 뺏어요. 지금은 내가 대전에서 음식점만 350곳 정도 다니는데, 대전 칼갈이 중에 2등은 한다고 자부할 수 있어요.

이제는 마음 편하죠. 나오고 싶을 때 나오고 쉬고 싶을 때 쉬면 되니까. 내 나이가 이제 딱 60인데, 70까지는 할 수 있을 것 같아요.

(2013년 12월 80호)

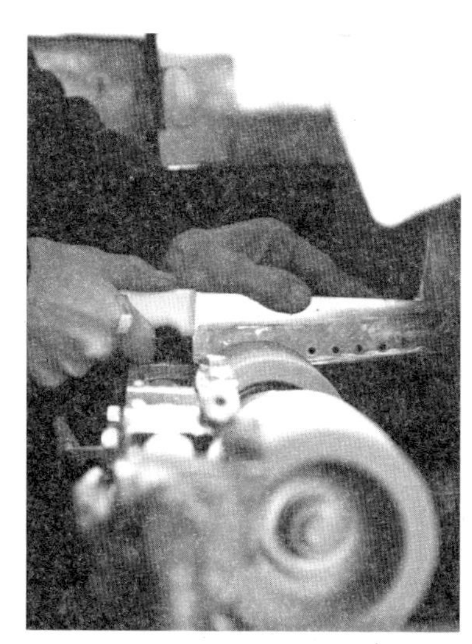

4개월여 만에 내 손으로
직접 칼갈이 기계를 만들었죠.

그는 양복점을 하며 자신의 옷을 숱하게 만들었다.

내가 만들어도
100프로 만족은 없어

내가 만들어도 100프로 만족은 없어

성심양복점 장무식 씨

글 사진 엄보람

성심양복점은 1981년에 대전역 앞 중동에서 문을 열었다. 이듬해 갈마동 지금의 자리로 옮겨 왔다. 갈마네거리 양지바른 곳에 자리한 성심양복점의 쇼케이스는 34년 동안 햇빛을 견딘 만큼 빛이 바랬다. 그러나 '성심양복점'이라는 파란색 다섯 글자는 갓 색을 입힌 듯 여전히 또렷하다. 일감은 줄었어도 솜씨는 줄지 않은 장무식 사장처럼 말이다.

성심양복점의 쇼케이스는 34년 동안 햇빛을 견딘 만큼 빛이 바랬다.
그러나 '성심양복점'이라는 파란색 다섯 글자는 갓 색을 입힌 듯 여전히 또렷하다.

"이걸 배운 거는 열여덟 살 때부터야. 군대 갔을 때 3년 빼고는 평생 한 거지. 지금은 없어졌는데 대전역 앞 중동에 영광양복점이 있었어, 기신양복점 바로 옆에 있는. 거기서 교통비 조금 받고 심부름부터 시작했지. 직원이 스무 명 정도 있었는데, 기술자들이 실 사 오라 그러면 중앙시장 가서 사다 주고, 뒷바라지해 주는 역할을 했어. 양복점이 제일 호황이었던 때는 1978년부터 5~6년 정도였던 것 같어. 대전 시내에 거래하는 데가 총 700군데 정도 됐는데, 지금은 다 없어지고 열 군데 정도 남았나 모르겠어."

장무식 사장이 '국민학교'를 다니던 1950~1960년대 무렵은 평범한 사람들에겐 먹고 살기 힘든 시절이었다. 집안이 넉넉하면 공부를 할 수 있었지만, 그렇지 않은 사람들은 기술을 택했다. 국민학교 한 반 60여 명의 인원 중 고등학교까지 졸업하는 사람은 기껏해야 두세 명 정도였다. 당시 가정형편이 넉넉지 않았던 장무식 사장 또한 국민학교만 졸업한 후 기술을 배우기로 하고 양복점 일에 뛰어들었다.

"근데 그렇게 기술을 배워도 열 명 중 하나 버틸까 말까 했어. 나는 손재주도 있고 배우려는 극성이 강하다 보니 남들보다 배우는 속도가 빨랐지. 양복점에서 배운 걸 집에

2
1 2 3 4 5 6 7
8 9 10 11 12 13 14
15 16 17 18 19 20 21
22 23 24 25 26 27 28

서 노는 날 숯불다리미로 마루에 앉아 연습을 하는 거야. 그때는 전기가 없었으니까. 미싱질은 미싱 있는 집에 가서 연습하고 그랬지. 돈에 욕심내면 못 배워. 돈 생각 안 하고 그렇게 해서 남들보다 빨리 배웠지. 그래서 군대 가기 전에 스물두 살 때 이미 탄방동에 양복점을 냈었어."

군대를 다녀온 1975년, 기술을 익히기 위해 다른 양복점에서 다시 일을 배웠다. 그러다 1981년, 대전역 앞 옛 대한통운 앞에서 성심양복점을 시작했다. 그러나 인근 양복점이 포화 수준인 데다 임대료와 인건비 등 고정비용이 부담스럽게 느껴지자 이듬해 그가 살던 동네인 갈마동으로 양복점을 옮겨 왔다. 허드렛일을 도와주는 사람이 있었지만, 옷 만드는 일은 대부분 혼자서 했다. 자신의 눈으로 확인하고, 자신의 손을 거쳐야만 성미가 풀리는 꼼꼼한 성정 탓이었다.

"그때는 일이 엄청 많았지. 근데 많이 만드는 게 문제가 아녀. 많이 만들려면 남을 시켜야 하는데 내가 그걸 못햐. 남을 시키면 내 눈에 안 차고, 옷이 옷 같들 안 한 거여. 손님들한테는 안 보이겠지만, 나는 보이니까. 옛날에는 결혼식 한다고 하면 다 양복을 맞췄지. 88올림픽 전에는 한 벌에 23만 원에서 25만 원 정도 했어. 남을 시켰으면 한 달에 200벌도 만들었겠지. 나 혼자 제일 많이 만든 건 한 달에 스물여덟 벌 정도 한 적 있어. 그러려면 잠 못 자고 겨우 만들어야 하는 말이 안 되는 숫자고, 보통은 그렇게 못 하지. 아니 안 하지."

손님의 몸을 부분별로 꼼꼼히 재고 초가봉을 만든다. 이것을 손님에게 입혀 본 후 어색하거나 안 맞는 부분을 뜯어내어 고친다. 이렇게 양복 한 벌을 만들자면 최소 2~3일이 걸린다. 다른 일은 안 하고 오로지 옷 한 벌 만드는 데 그 시간이 든다. 그 시간이 채 못 걸려 급히 만든 옷은 옷이라고도 할 수 없다고 장무식 사장은 말했다.

내 몸부터 알아라

시절이 변하고 기성복이 흔해지면서 양복을 맞추러 오는 이는 점점 줄었다. 요즘에는 양복이나 셔츠 수선을 맡기는 손님이 늘었다. 그러다 20~30대 젊은이들이 명품이나 비싼 옷을 들고 성심양복점을 줄지어 찾기 시작한 건 약 2년 전부터다.

"2년인가 3년 전에 옷에 관심이 많은 어떤 사람이 500만 원짜리 옷이라면서 가져온 거여. 명품 옷은 대부분 서울로 가져가지 대전에는 고칠 데가 없는데, 그 사람이 이 근처를 다니다가 양복점인데 '수선'이라고 적혀 있는 걸 보고 들어온 거지. 옷을 고쳐 달라고 하는데, 이미 손을 너무 많이 본 상태라서 고쳐도 안 된다고, 안 한다고 했지. 그런데도 계속 해 달라고 해서 '그럼 버릴 값으로 한 번 해 보자.'라고 해서 전부 다 뜯어서 고쳤지. 그랬더니 맘에 들어하고는 카페인지 뭔지에 올렸다는 거야. 나는 컴퓨터도 못 하고, 스마트폰도 모르고 이렇게 옛날 핸드폰 쓰는 사람이라서 인터넷에 뭐라고 올렸는지 지금도 몰라. 암튼 그 이후로 젊은 사람들이 자꾸 와. 와서는 이건 얼마짜리 옷이에요, 하는데 만 원짜리나 10만 원짜리나 수선비는 똑같으니까 나한테 옷이 얼마짜린지 말하지 말라고 해."

성심양복점은 '옷 좀 입는다.' 하는 젊은이들이 모인 인터넷 카페에서 '대전에서 믿고 맡기는 솜씨 좋은 곳'으로 입소문이 났다. 양복을 맞추러 오지는 않았지만, 평소라면 서울로 들고 가던 '비싼' 옷을 가지고 성심양복점을 찾았다. 그러다 보니 실랑이도 제법 생겼다. 옷을 들고 온 젊은이들은 대부분 '이 부분만 고쳐 달라.'고 말하지만 47년 차 재단사인 그에게는 옷의 결점이 훤히 보였다. 해 달라는 대로 했다면 수월했겠지만, 옷에 있어서만큼은 대충하는 법이 없는 그였다.

"옷을 가져오면 일단 입어 보라고 해. 그러면 안 맞는 부분이 보이잖아. 하나를 고치면 다른 부분도 어색해지는데, 여기서 이것만 고쳐도 훨씬 낫다고 알려 주는 거야. 옷을 입고 운전할 때, 허리를 숙일 때, 의자에 앉을 때 경우를 다 생각해야 하잖아. 입어서 불편하면 그건 옷이 아니지. '손님이 고쳐 달라 하면 고쳐 주고 돈이나 받으면 그만이지.' 하는 사람도 있어. 그런 사람한테는 그 돈 안 받아도 되니까 오지 말라고 해. 그래도 대부분은 좋아해. 오는 사람을 보면 그렇더라고. 실제로 재어 보면 허리가 32인치인데 30사이즈를 늘 사 입었던 거야. 대부분이 그렇게 옷을 입어. 어깨가 올라간 사람, 내려간 사람, 근육이 많은 사람, 없는 사람…. 사람마다 몸의 모양이 다르기 때문에, 기성복을 사 입을 거면 '내 몸부터 알아라.'라고 말해 줘. 그리고 당신은 이런 옷이 맞으니 기성복 살 때는 어떤 걸 사라고 얘기해 줘. 잘못 사면 수선비가 더 나오고 태도 안 나. 젊은 사람들은 메이커 보고, 이태리제니 뭐니 그런 걸 따지지 옷감이나 질을 보는 게 아녀. 아, 일단 몸에 맞는지부터 봐야 할 거 아녀."

양복점 한편에는 젊은이들이 맡긴 재킷이 여럿 걸려 있었다. 장무식 사장과 얘기를 하던 중 문을 밀고 들어온 한 젊은이가 이태리제 재킷을 찾으러 왔다. 장무식 사장은 옷을 입혀 보고 요리조리 예리한 눈으로 옷 태를 살피더니, 젊은이에게 이런저런 조언을 한 뒤 값을 치렀다.

미싱질은 미싱 있는 집에 가서 연습하고 그랬지.
돈에 욕심내면 못 배워.

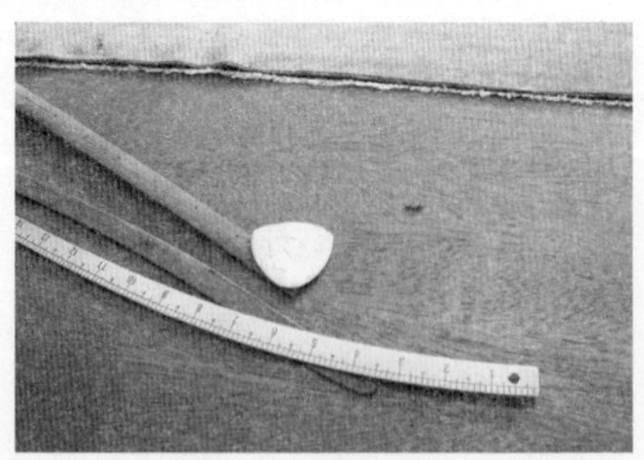

손님의 몸을 부분별로 꼼꼼히 재고 초가봉을 만든다.

______옷 만들 때는 시간 가는 줄도 모르겄어

"단골은 지금은 없어. 옛날에 단골손님들은 이렇게 종이로 본을 떠 놨어. 여기에 이름을 써 넣고 보관을 해 놔. 그러면 나중에 옷을 맞추는데 올 수 없을 때 전화로 얘기를 하는 거야. 요즘은 한 달에 서너 벌 정도 만들어. 맞추러 오는 사람은 50대가 대부분이여. 그런데 한 번 맞춰 보면 그것만 입고 다녀. 이제까지 넘의 옷을 입고 다닌 거냐면서. (작업대에 놓인 본을 가리키며) 이 사람은 40대 보험회사 직원인데, 열 번 넘게 수선하러 온 거야. 그래서 차라리 한 벌 맞춰 보라고 했지. 그랬더니 춘추복을 만들었는데 그걸 여름에도 주구장창 입고 다니는 거야. 이 좋은 걸 두고 내가 왜 이제까지 기성복을 사 입었냐면서. 지금 수입으로는 수선이 나아. 그렇지만 내 본업은 맞춤복이여. 요즘도 옷 만들 때는 수선 일을 안 해, 마음이 흐트러져서. 이건 내 자존심이 걸려 있고 정성이 걸려 있는 일이니까. 그렇게 만들어도 100프로 만족이 안 돼. 지금까지 최대 만족이 80프로야.(웃음)"

손님이 맡긴 재킷이 걸려 있는 옆쪽으로 한눈에 보기에도 반듯하고 정갈한 정장 재킷 몇 벌이 걸려 있었다. 장무식 사장이 자신을 위해 만든 옷이다. 그는 양복점을 하며 시간이 날 때마다 자신의 옷을 숱하게 만들었다. 지금은 주변 사람에게 다 나누어 주고 20여 벌 정도가 남았다. 그 옷들도 이제는 채 입지 못한다. 중이 제 머리 못 깎는다는 말은 장무식 사장에게는 해당되지 않는 말인 듯했다.

"친구들이 지겹지도 않느냐고 해. 그런데 나는 옷 만들 때는 시간 가는 줄도 모르겄고, 이게 체질에 맞는가 비다 싶어. 옛날에야 웬만하면 다 옷을 맞췄지만, 요즘에 옷을 맞추는 사람은 평균적인 체형이 아닌 사람이여. 키가 작고 배가 나오고 뭐 그런 사람. 처음 그런 사람이 와서 보고 옷을 만들 적에는 '아 저 사람 옷은 만들기 힘들겠다.' 하면서 만들다가 완성해서 옷을 입히면 그렇게 흐뭇한 기분이 들 수가 없어. 그리고 잘 맞는다고 고맙다고 하는 한마디에 힘든 게 싹 다 날아가."

한창 이야기가 무르익을 무렵 키가 큰 할아버지가 문을 열고 들어왔다. 내일 서울에 가기 전 닳은 양복바지를 고치러 왔다고 했다. 오래전 이곳에서 맞춘 옷이다. 할아버지는 옷이 다 고쳐지길 기다리는 내내 장무식 사장을 입이 마르도록 칭찬했다. 장무식 사장은 말없이 천천히 옷을 손 보고, 미싱질을 한 뒤 놓치는 부분 없이 꼼꼼히 다림질을 했다. 한 시간 조금 못 되는 시간이 족히 흘렀다. 손질이 마무리된 옷을 곱게 접어 건네며 5천 원을 부르자 할아버지는 만 원을 건넨다.

"줄이고 이렇게 다리려면 만 원은 받아야지. 안 그래도 다림질도 새로 하려고 그랬는데, 아주 고마워."

실랑이를 하던 장무식 사장은 할아버지를 이기지 못하고, 멋쩍게 웃어 버렸다. 할아버지는 정년퇴직하기 전 한 공기업 부장이었다고 장무식 사장이 알려줬다. 옛날에는 동료들과 이곳에서 종종 옷을 맞춰 입고는 누구 옷이 더 멋진가 견줘 보기도 했었다고도.

"앞으로 어떻게 해야 되겠다는 생각은 없어. 이제는 체력도 안 되고, 내 나이가 그럴 단계는 이제 지났지. 오는 사람만이라도 제대로 해 주는 거 그것뿐이여. 건강하다면 10년도 더 하고 싶지. 나는 공부를 배우지 못해서 이걸 하게 됐지만, 나이 들고 나서 상견례를 하거나 하면 다들 나 보고 부럽다. 정년퇴직하고 나이 먹으면 갈 데 없는데, 나는 여기가 내 평생직장이고, 누가 시켜서 하는 일이 아닌 내 일이니까. 그래도 내가 이걸로 내가 못 한 공부 다 시켜서 자식들 대학 보내고, 시집 다 보냈다는 거, 오로지 이것만큼은 남들보다 잘할 수 있는 능력을 갖고 있다는 거 그게 자부심이야."

젊은 남성이 커다란 쇼핑백을 들고 양복점으로 들어섰다. 자신의 매장 단골손님의 옷을 맡기러 자주 들르는 백화점 직원이라 했다. 십 수 벌의 옷을 펼쳐 놓고 어디어디

말없이 천천히 옷을 손 보고, 미싱질을 한 뒤 놓치는 부분 없이 꼼꼼히 다림질을 했다.

를 고쳐 달라고 말하는데, 장무식 사장은 기어이 옷 한 장 한 장을 펼쳐 매무새를 살피며 오래도록 얘기를 나눴다. '이런 소재 옷은 한 치수 작은 걸 입혀야 된다.'라며 자연스레 옷에 대한 조언도 오고 갔다. 이미 베테랑일 의류매장 직원이 무릎을 치며 고개를 끄덕였다.

"수십 년째 양복점을 하고 있어도 지금도 배워 가는 과정이야. 나는 배울 게 하나라도 있으면 쫓아가는 사람이여. 기술자들은 옛날 말로 '곤조'가 있어서 자존심 땜에 모르는 거 있어도 안 물어봐. 근데 나는 내가 열 가지 중 아홉 가지를 잘한다 해도, 내가 못하는 한 가지 잘하는 사람이 있으면 그 사람한테 가서 물어봐. 나는 그런 사람이여."

(2015년 3월 95호)

그 좁은 공간에 한 사람의 인생 전부가 고스란히 담겼다.
함부로 넘나들 공간이 아니었다.

그곳에서,
산중 작은 암자를
만났다

그곳에서,
산중 작은 암자를
만났다

인동상회 임달순 씨

글 사진 이용원

임달순(83) 씨가 태어난 곳은 충청북도 옥천군 동이면 세산리다. 임씨 집성촌인 그곳에서 1남 3녀 중 둘째로 태어났다. 어린 시절은 궁핍하지 않았다. 젊은 시절, 한 차례 일본에 다녀온 아버지는 임달순 씨가 열 살 즈음에 큰 오빠만 남기고 다시 가족과 함께 일본에 건너갔다. 후쿠오카다. 그곳에서 5년가량을 보냈다. 국민학교도 다녔다. 처음에 언어가 통하지 않아 고생한 것을 빼고는 무척 즐거웠다. 사랑도 듬뿍 받았고 사는 데 큰 어려움도 없었다. 한국에서 그렇게 건너간 사람이 많아 이방인으로 겪어야 할 서러움도 잘 모르고 생활했다.

일본에서 생활이 5년으로 그친 것은 임달순 씨 조모가 보내오는 편지 때문이었다. 작은 아버지가 일찍 세상을 떠나는 바람에 아들이라고는 임 씨 아버지뿐이었던 조모는 아들을 곁에 두고 싶다는 바람을 담아 연신 편지를 보냈다. 결국, 임달순 씨를 비롯한 가족은 귀국길에 올랐다.

동이면 세산리에 돌아온 임달순 씨는 결혼 준비를 하며 평범한 시골 처녀의 일상을 보낸다. 음식 솜씨와 바느질 솜씨가 좋았던 임달순 씨에게 다양한 선 자리가 이어졌지만 아버지는 무척 가렸다. 금지옥엽 키운 딸을 아무에게나 시집보낼 수 없었다. 그렇게 고르고 고른 혼처가 옥천군 동이면 금암리 박 씨네다. 홀시아버지에 일가친척도 없는 4대 독자 남편은 군인이었다. 상사였던 남편 박 씨를 친정 아버지는 '무척 똑똑한 사람'이라고 좋아했다. 홀시아버지를 모시고 살아야 하는 현실이 걸렸지만 남편이 똑똑하니 괜찮을 거라 말했다. 그렇게 스물네 살에 결혼했다.

사망 통지서를 받다

시집살이는 생각한 것보다 훨씬 더 녹록지 않았다. 더군다나 군인인 남편 근무지는 멀고도 먼 부산이었다. 시어머니는 없었지만 시아버지 시집살이도 만만치 않았다. 워낙 없는 살림인지라 고생도 이만저만이 아니었다. 날이 추워지면 20리는 족히 떨어진 곳까지 걸어가서 땔감을 구해 머리에 이고 왔다. 남의 밭뙈기를 얻어 잡곡 조금 심어 곡식으로 삼아야 했다.

이때만 해도 남편 박 씨를 먼저 앞세울 거라고는 생각하지 못했다. 몇 번 보지도 못한 남편은 준위 계급을 달고 얼마 있지 않아 세상을 떠났다. 임달순 씨가 스물여덟 살이었고 남편 박 준위는 스물아홉이었다. 임달순 씨와 네 살배기 아들 하나를 세상에 남겨두고 그렇게 떠났다.

남편의 죽음을 알린 이는 우체부였다. 그날 마당에 들어선 우체부는 행동이 무척 어색했다. 등기 수취인이 눈앞에 있어도 망설였다. 그러고는 등기를 대신 받아 줄 사람이 있는지 물었다. 당시만 해도 편지가 중요한 통신수단이었으니 시골 마을에 우체부가 나타나면 주변에 사는 마을 주민이 하나둘 모였다. 혹시 자신들에게도 온 기별이 있는지 궁금해서다. 마침 그중에 시댁 시아주버니뻘 되는 사람이 있었고 우체부는 그 사람을 집 뒤편 굴뚝 밑으로 데려

갔다. 잠시 속닥거리는 소리가 들리는가 싶더니 시아주버니가 나와 이렇게 말했다. "남편이 위독하다는데…."

사실, 사망 통지서였는데 차마 죽었다는 말을 전하지 못한 것이다. 그 길로 군용열차를 타고 남편이 근무했던 부산 군부대에 찾아갔다. 전쟁통도 아니었는데 남편이 왜 죽었는지는 알 수 없었다. 시절이 그랬다. 이미 화장을 끝낸 뒤였다. 맥없이 유골함을 들고 고향에 돌아왔다.

남편을 잃은 후 재가를 권유하는 사람도 많았지만 전혀 마음이 내키지 않았다. 아들 때문이었다. 남편이 그렇게 허망하게 떠나고 1년 남짓, 시아버지도 세상을 떠났다. 그렇게 덩그러니 홀로 남아 힘겨운 하루하루를 보낼 때, 대전에 살고 있던 동생이 시골에서 일하는 것처럼 대전에서 일하면 금방 부자가 되겠다며 삶터를 대전으로 옮길 것을 권유했다. 사람 많은 곳이 무서워 한사코 싫다고 손사래 쳤지만 막내 여동생은 계속 채근했다.

——— 젊은 새댁은 왜 여기 와서 장사를 한다?

결국, 권유에 못 이겨 아들을 옥천에 살고 있던 다른 여동생에게 맡기고 대전에 나왔다. 서른 살 즈음이었다. 처음 얻은 방은 인동 근처에 월세 천 원 했던 작은 단칸방이었다. 발도 마음 놓고 뻗지 못할 만큼 좁았다. 지금 인흥 아파트가 들어선 마을이다. 당시에 판잣집이 가득했다. 주인네와 함께 부엌을 써야 하는 옹색한 곳이었지만 집세로 지불할 돈이 없었다. 집이 그리 넓은 것도 아니었다. 주인도 다섯이나 되는 자식들과 좁은 단칸방에 모여 복닥거리며 살았다. 그러니 세 얻어 사는 사람보다 주인네가 더 불편하고 궁핍할 정도였다. 심지어 임달순 씨가 밥을 지어 먹을 때 주인네는 정부에서 받은 식량으로 죽을 끓여 먹었다. 남편 없이 아이들 다섯을 데리고 살아가야 하는 사정이니 뻔했다. 그때 시절이 그랬다.

임달순 씨가 고향을 떠나 처음 시작한 일은 주변 시골마을에서 과일을 조금 떼다가 노점에 앉아 파는 일이었다. 장사가 하도 안돼 팔지 못하고 남은 과일을 동생네 가져다주고 퉁을 놓았다. 시골에 그냥 살았으면 남의 집 일이라도 해서 먹고 살았을 텐데. 이게 뭐냐며 말이다. 동생은 처음부터 잘 되는 것이 어디 있느냐며 한 1년만 참고 해 보라고 다독였다.

그러다 시골에서 콩과 팥 등 잡곡을 사다가 인동시장에 넘기는 일을 시작했다. 잡곡을 이고 시외버스를 타고 다녀야 하는 고된 일이었다. 지금 인동시장 인근 농협 자리가 시외버스터미널이었다. 힘들었어도 노점 과일장사보다는 나았다. 그러다 지금 인동상회에 자리를 만들 수 있었다.

가게를 산 것이 아니라 구전(소개비)을 좀 떼 주고 장사할 수 있는 공간을 임대한 것이다. 그 시절 울기도 참 많이 울었다. 남자가 대부분인 시장통에서 장사를 벌인 젊은 새댁 사연이 누구라도 궁금했을 게다. 누군가 "아니, 젊은 새댁은 왜 여기 와서 장사를 한다?"라고 묻기라도 하면 그냥 무섭고 서러워 눈물이 나왔다. 가게에서 울 수 없어 남이 보지 못하는 곳에 숨어 들어가 눈물을 훔치고 나올 때가 많았다. 그렇게 울다 나오면 또 다른 사람이 똑같은 질문을 했다. 주변 사람이 "저 새댁은 무슨 말만 하면 울어서 말도 못 하겄어."라고 말할 정도였다.

몇 년 그렇게 장사를 하던 중에 본래 인동상회를 운영했던 주인이 가게를 넘기겠다고 제안했다. 당시 인동시장은 장사가 잘돼 가게를 사고 싶다고 맘대로 살 수 없는 상황이었다. 대략 40년 전, 1970년대 이야기다. 그러니 그 좋은 기회를 놓칠 수는 없었다.

인동상회 주인장이 되다

마침 고생하는 어머니를 두고 대학에 갈 수 없다며 아들이 공무원 시험에 합격했다. 당시 월급이 대략 11만 원 정도였다. 그 월급 중 차비 만 원을 뺀 나머지와 임달순 씨가 버는 돈으로 이자와 원금을 갚기로 하고 새마을금고에서 300만 원을 빌렸다. 그 돈으로 임달순 씨는 가게를 인수했다. 마흔 조금 넘은 나이에 인동상회 주인장이 되었다. 아들 월급과 장사해서 번 돈으로 꼬박 3년 동안 가게 인수 비용으로 빌린 돈을 모두 갚았다.

장사 규모가 커지면서 물건을 조달하는 방법도 달라졌다. 옥천, 보은, 금산 등 장을 돌아다니며 물건을 사서 표시를 해 두면 장차가 알아서 인동상회까지 곡물 가마니를 실어다 주었다. 장차는 대전 인근 장터를 돌며 인동시장 상인이 사 둔 곡식을 전문적으로 실어다 주는 일을 업으로 삼은 화물차다. ㄱ, ㄴ, X, O 등 가게마다 표시가 제각각이었지만 모두 그 표시가 누구 것인지 다 알았다. 심지어는 부산과 대구 등지에서 곡물을 사기 위해 인동시장을 찾는 상인도 이런 표시를 썼다. 이때 임달순 씨가 썼던 표시는 '세산'이었다. 임달순 씨가 태어나고 자란 고향 마을 이름이다. 대전 인근 어떤 장에서건 곡물을 사서 가마니에 '세산'이라고 표시해 두면 인동상회에 정확하게 가져다주었다.

이 당시 부산과 대구 등 먼 외지에서 찾아온 상인들은 인동시장 인근 여관에서 잠을 잔 후 아침 일찍 인동시장을 돌며 마음에 드는 곡식에 표시를 해 두었다. 먼저 표시를

지나온 시간을 돌이켜보면
지금도 눈가에 눈물이 맺힐 만큼 징글징글하지만 잘 지나왔다.

해 둔 가마니는 흥정이 끝나기 전까지 다른 상인이 건드리지 않는 게 불문율이었다. 이 작업은 가게 주인이 나오기 전에 대부분 이루어졌다. 좋은 상품을 선점하는 것은 매우 중요한 문제였다. 먼 걸음을 달려온 상인들은 애가 탔을 게다. 조금이라도 빨리 가게를 돌며 맞춤한 곡물을 찾아야 했다. 인동시장에는 도방(경비)이 있어 시장도 지키면서 일찌감치 문도 열어 주었다. 표시를 해 두었어도 매매가 이루어지는 건 아니다. 서로 생각하는 가격이 맞지 않아 흥정이 이루어지지 않으면 표시는 검은 먹물을 덧칠해 감췄다. 이를 '부순다.'라고 표현했다. 매직이나 사인펜 같은 필기구도 없었을뿐더러 볏짚으로 짠 가마니에 먹물이 아니면 표시하기도 힘들었을 터다. 부산, 대구 등지에서 찾아올 정도로 큰 곡물시장이었던 인동시장에는 동네마다 있던 곡물 소매점 사람들까지 매일 드나들어 늘 사람들로 북적였다. 인동시장은 무척 큰 곡물 도매시장이었다.

징글징글하지만 잘 지나왔다

가게를 구하고 싶어도 자리가 나지 않아 살 수 없었던 인동시장은 이제 한산하다. 임달순 씨는 40년 넘게 출근한 인동상회에 오늘도 출근한다. 마수걸이도 못 할 때도 있다. 그런 것이 더는 중요하지 않다. 홀로 된 뒤에 다급함과 초조함은 지금 없다. 지나온 시간을 돌이켜보면 지금도 눈가에 눈물이 맺힐 만큼 징글징글하지만 잘 지나왔다.

잘 커 준 아들은 결혼해 잘 살고 있다. 천 원 월세방에서 시작한 옹색한 대전살이였지만 30년 전에 산성동 택지 60평을 구입해 아들과 함께 번듯한 슬래브 2층 집을 지었다. 그곳에서 아들이 신혼살림을 시작했고 지금은 아들 부부, 손주 셋과 함께 산다.

인동상회 앞 포대에 담아 놓은 보리와 콩, 흑미, 깨 등은 티끌 하나 없이 정갈하다. 팔아야 할 곡물이 들어오면 죽 펼쳐 놓고 곡물에 섞인 티검불을 걷어 낸다. 알갱이가 깨져 볼품없는 것도 찾아낸다. 잔손이 무척 많이 가는 일이다. 콩 종류는 그렇다 치고 그 작은 깨도 손으로 일일이 고른다. 그리도 정갈한 곡물을 펼쳐 놓은 '인동상회'는 무척 좁다. 가게 한쪽에는 사각형 기둥도 떡 하니 박혀 있다. 칸을 쪼개고 쪼갠 한 평 남짓한 공간이다. 그 좁은 공간에 한 사람의 인생 전부가 고스란히 담겼다. 함부로 넘나들 공간이 아니었다.

(2013년 10월 78호)

홍복영 씨는 아침 7시에 나와 음식 준비를 시작한다.

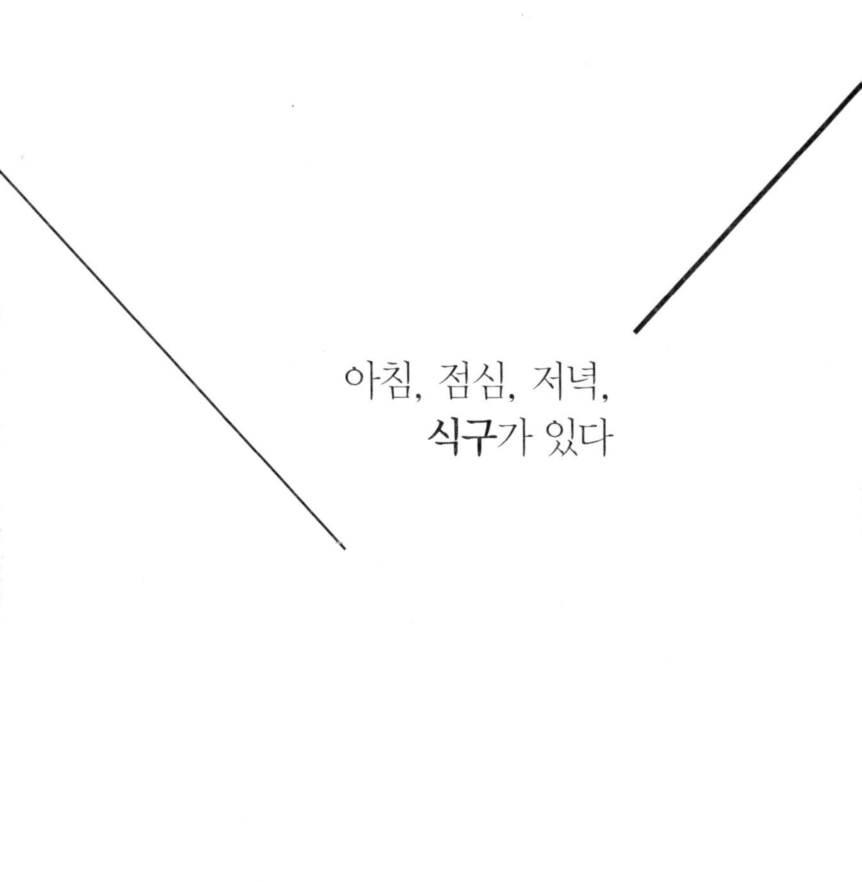

아침, 점심, 저녁,

식구가 있다

아침, 점심, 저녁, 식구가 있다

포장마차 홍복영 씨

글 사진 성수진

메르스의 생소한 공포는 한 발자국 가신 듯하지만, 여전히 사람들은 마스크를 낀 채 거리를 다닌다. 중구 대흥동을 마주한 은행동, 스타벅스와 농협 사이 골목에 홍복영 씨의 포장마차가 오랜만에 문을 열었다. 메르스 창궐로 한창 시끄러울 때, 홍복영 씨는 잠깐 손주를 돌보는 일로 포장마차를 닫았다. 둘째 손주가 태어나, 첫째 손주를 봐 주기로 한 것이다. 늘 같은 자리에 있던 포장마차가

잊고 지내면 언젠가 또 찾아오는 식구들.
다양한 삶의 이야기들 사이에 있는 게 좋다.

다시 문을 연 날, 반가운 식구들이 한마디씩 건넸다. 이모, 메르스 걸렸던 거 아니냐, 해외여행은 잘 다녀왔느냐. 홍복영 씨가 웃으며 대답한다. 걸렸다가 나았지, 방콕 다녀왔지.

______아침에 문을 여는 포장마차

홍복영 씨가 은행동 골목에서 포장마차를 시작한 때는 7년 전쯤이다. 그 전에 괴정동 롯데백화점 뒤에서 6년 정도 포장마차를 하다 몸이 안 좋아져 병원 신세를 졌다. 오후 2시에 포장마차를 열어 새벽 4, 5시까지 꼬박 일하니 몸이 축날 수밖에 없었다. 퇴원하고 나서 한참을 쉬었다. 오래 일하던 사람이 집에서 가만히 있으려니 이제는 우울증이 찾아왔다. 식구들에게 짜증을 냈고 죽고 싶다는 생각까지 들었다.

그러던 어느 날, 교차로에서 포장마차를 처분한다는 글을 보고 전화를 걸어 계약했다. 남편 몰래 벌인 일이었다. 그리고 아들에게 먼저 이야기를 꺼냈다. 아들은 엄마만 좋으면 하는 게 좋겠다고 했고 그 말에 힘을 얻었다.

"집에 혼자 있으려니 힘들어서 돈을 떠나서라도 꼭 해야겠다는 생각이 들었어요. 그래서 아저씨랑 약속을 했어요. 밤에는 절대로 일하지 않겠다고 그리고 일요일에는 꼭 쉬겠다고요."

일요일에는 꼭 쉬겠다고 약속하고 포장마차 문을 겨우 열었는데, 장사가 잘되는 주말에 쉬는 게 쉽지 않았다. 식구들이 찾아서 어쩔 수 없다는 핑계를 대고 쉬지 않고 일했다. 그러다 또 몸이 안 좋아져 지금은 무슨 일이 있어도 일요일에는 쉰다.

포장마차에서 파는 것은 딱 네 종류다. 떡볶이, 튀김, 순대, 어묵. 단출하지만 하나씩 먹고 나면 든든한 이 음식을, 사람들은 아침으로, 점심으로, 저녁으로 먹는다. 홍복영 씨는 아침 7시에 나와 음식 준비를 시작한다. 처음에는 아침에 장사하리라곤 생각지도 못했는데 주변 상점에서 일하는 식구들이, 이모 아침에도 문 열어 주면 안 돼? 하며 하소연하는 탓에 아침 일찍 준비를 시작한다.

조용히 골목에 자리를 내어

아침에는 남편 김선섭 씨와 함께 나와 포장마차 주변을 청소하고 음식을 준비한다. 김선섭 씨가 물을 길어 올 동안, 홍복영 씨는 떡볶이 소스를 만든다. 소스를 졸이는 데 시간이 오래 걸려, 가장 먼저 준비하는 것이 떡볶이다. 두 시간여 준비를 마치면 근처 상점으로 출근하는 식구들이 포장마차를 찾는다. 아침에 인기가 좋은 것은 어묵이다.

아침이면, 오늘은 어떤 사람을 만날까 하는 생각을 한다.
그렇게 시작하는 하루가 참 즐겁다.

포장마차에서 파는 것은 딱 네 종류이다.
떡볶이, 튀김, 순대, 어묵.
단출하지만 든든한 이 음식들.

전날 술을 마신 식구들이 뜨거운 어묵 국물 한 컵으로 숙취를 푼다.

포장마차를 하기 전에는 식당을 운영했다. 몸이 아파 잠깐 쉬게 된 이후, 가겟세나 인건비 걱정이 없는 포장마차를 열었다. 지금이야 홍복영 씨가 '식구'라고 칭하는 단골도 많아졌고, 음식 맛이 좋다고 입소문도 났지만, 처음 포장마차를 시작했을 때는 막막하기만 했다. 식당 옆에서 포장마차를 하던 이웃에게 여러 가지를 물어 어렵게 시작했는데 문을 연 이후에도 고민거리가 많았다. 구청 단속으로 골머리를 앓았고 어떻게 손님을 모을지도 걱정이었다. 떡볶이는 어찌어찌하는 법을 배워 응용해 맛을 냈는데, 튀김이 문제였다. 집에서 만드는 것처럼 해서는 맛을 내기 어려웠다. 튀김을 잘한다는 중리시장 튀김집으로 무작정 찾아갔다.

"하루 이틀 하다 말 거 아니니까 포장마차 잠시 덮어 놓고 무작정 찾아가서 가르쳐 달라고 했어요. 안 가르쳐 준다고 돌아가라고 하대요. 첫날은 서 있다가 그냥 왔어요. 이튿날부터는 눈에 들려고 심부름도 하고 설거지도 하고 청소도 하고 그렇게 일주일을 했어요. 일주일 되던 날, 사장님이 점심 때 짜장면 사 주면서 반죽 만드는 법을 알려준다고 하대요. 그렇게 배우고 나서 튀김을 만드니까 손님들이 요 맛이 어디서 나오냐고 놀라더라고요."

처음 은행동에 나왔을 때도 어려운 점이 많았다. 주변에서 괜스레 시집살이를 시키기도 했다. 홍복영 씨는 딱 5프로만 자신을 내려놓기로 했다.

"주위를 청소하기 시작했어요. 먹는장사 하는데 주위가 지저분하면 그렇잖아요. 저를 안 좋게 보던 사람들도 제가 청소해서 골목이 깨끗해진 걸 알게 됐죠. 제가 안 나오는 날에는 골목이 지저분했던 거예요. 그렇게 조금씩 사람들에게 다가갔어요."

가끔 술에 취해 행패 부리는 사람을 대할 때는 골치가 아프지만, 포장마차 일을 하면서 한 번도 힘들다고 생각한 적은 없다. 무엇보다 다양한 사람을 만나는 것이 좋았다.

식구가 있는 삶

홍복영 씨가 며칠 포장마차를 비우면 식구들에게 연락이 오기 시작한다. 한창 포장마차가 잘됐을 때는 줄을 서 먹는 일이 많았다. 식구들이 예약을 해 두면 홍복영 씨가 음식을 싸 놓고 나서 가져가라고 전화를 하기도 했다. 지금은 그때만큼 장사가 잘되지 않아 예약하는 일은 없지만, 그때 전화번호를 알게 된 식구들이 홍복영 씨가 오래 자리를 비우면 전화로 문자메시지로 연락을 해 온다.

식구들에게 홍복영 씨는 동네 이모다. 홍복영 씨는 음식을 파는 것 못지않게 들어주는 일을 중시한다. 식구들의 즐거운 얘기, 힘든 얘기를 들어주며 맞장구도 쳐 주고 인생선배로서 조언도 간간이 해 준다.

"식구들이 어딘가에는 풀어야 하니까 들어 줘야지. 머리는 짧아도 그 정도는 해요. 친구들 아니면 말할 어른이 어디 있겠어요. 부모한테 힘들다고 말해 봤자 '사회생활이 그렇지!' 하고 부모가 톡 쏘면 상처받지. 식구들 애로사항 들으면, 네가 이해하라고 말하기도 하고, 같이 욕도 해 주고 그러죠. 삐딱선 탄 10대들 보면 야단도 치고 욕도 하고요. 애들이 그게 본심이 아니란 걸 아니까요."

아침이면, 오늘은 어떤 사람을 만날까 하는 생각을 한다. 그렇게 시작하는 하루가 참 즐겁다. 통 보이지 않는 식구가 있으면, 왜 안 오나 궁금해하고 보고 싶어 하다가 잊고 지내면 언젠가 또 찾아오는 식구들. 다양한 삶의 이야기들 사이에 있는 게 홍복영 씨는 좋다.

다른 지역으로 떠나, 보기 어려운 식구들도 있다. 포장마차가 오랫동안 열리지 않자 수소문해 홍복영 씨가 입원한 병원으로 찾아온 식구, 겨울에 따뜻하게 지내라고 장갑과 수면 양말을 사 줬던 식구…. 생각하면 따뜻한 기억이다.

"지금은 경기가 없으니 장사가 안돼요. 이곳 상권도 죽었어요. 산내, 둔산, 세종, 유성, 터미널 쪽으로 상권이 많이 퍼졌죠. 은행동까지 나올 일이 없는 거예요. 기성세대들이 다녀야 하는데 돌아다니는 사람이 줄었죠. 어른들 주머니가 좋아야 애들한테 용돈도 주죠. 애들 용돈도 적은데다 아르바이트 자리도 없잖아요. 예전에는 둘이서 1인분 먹던 아이들이 지금은 천 원을 쪼개 써요. 천 원으로 어묵 하나 먹고 나머지를 떡볶이로 먹을 수 있느냐고 한다니까요. 옛날하고는 다르죠."

홍복영 씨는 하루하루 다른 경기를 실감한다. 요즘에는 메르스 때문에 손님이 더 줄었다. 포장마차에서 가장 자주 등장하는 대화 소재도 메르스다. 안 그래도 경기가 안 좋은데 메르스까지 겹친 현실이 야속하지만, 홍복영 씨는 하루하루 느낄 수 있는 행복에 온 신경을 집중하려 한다.

힘들거나 화나는 일이 생기면 자신을 위한 시간을 보낸다. 기차를 타고 멀리까지 가기도 한다. 가장 멀리 간 곳이 부산, 가깝게는 군산에 간다. 어시장을 구경하고 맛있는 것을 사 먹으면 기분이 풀린다. 돌아올 때는 반찬거리를 한 아름 손에 안고 온다.

"세상은 다 거기서 거기, 오십보백보예요. 사람들은 문제가 생기면 그 자체만 생각하기보다 다른 사람하고 비교하죠."

하루 일을 마치고 밤 9시쯤 포장마차를 정리한다. 좋아서 하는 일인데 이상하게 집에 돌아가 만세 부르고 쉬는 때가 하루 중 가장 좋은 시간이다. 한시름 놓고 편히 쉬면서 다음 날을 준비한다.

찾는 식구들이 있어 포장마차는 힘이 닿는 데까지 운영하고 싶다. 팔다리가 아파서 하는 수 없이 그만둬야 할 때까지 홍복영 씨는 은행동 한 골목에서 떡볶이를 만들고 어묵 육수를 끓이고 튀김을 튀길 것이다.

"이지씨가 그만하자 하는데 사람이 하던 일을 그만두기가 쉽나. 할 수 있을 때까지 해야지. 내가 직장에 매인 것도 아니고. 이 일이 좋은 이유 중에 하나가 정년이 없다는 거예요. 내가 그만두고 싶을 때 그만두는 게 정년이지."

(2015년 7월 99호)

담뱃값이 예전과 달라진 것처럼,
할머니 가게도, 가게를 찾아오는 사람도, 동네도 모두 변했다.

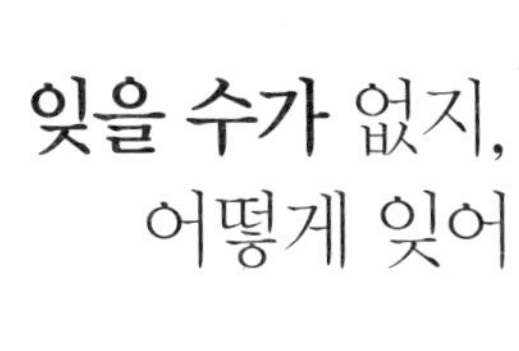
잊을 수가 없지,
어떻게 잊어

잊을 수가 없지,
어떻게 잊어

담뱃가게 강경자 씨

글 사진 김선정

미닫이문을 열고 들어가면 또 하나의 미닫이문이 있다. 그 문을 열고 들어가면 티브이와 장롱, 싱크대 등이 있는 작은방이 보인다. 그 방에서 강경자 할머니는 담배 장사를 한다. 미닫이문 바로 옆에 담배 진열장을 두고 담배를 사러오는 이들을 맞는다.

담배
CIGARETTES

등나무 담뱃가게

간판은 달지 않았지만, 담뱃가게는 서문상회라는 이름을 갖고 있다. 예전에는 가게 앞에 등나무가 있어서 동네 사람들은 할머니 담뱃가게를 등나무 가게라고 불렀다. 1980년대에 원래 있던 가게를 허물고 건물을 새로 지으면서 심은 등나무였다. 지금 할머니 가게 앞에는 등나무 대신 화분이 여러 개 있다.

"스물네 살에 시집을 오니 시할머니와 시할아버지가 담배장사를 하고 계셨어. 담배장사만 한 건 아니야. 소금가게를 했는데 그 안에 작게 진열장을 놓고 담배를 팔았지. 나는 집안일도 하면서 가게 일을 도왔는데 많이 힘들지는 않았어. 시할머니랑 시할아버지가 잘해 주셨으니까."

지금이야 하루에 몇 명 정도 담배를 사러 오지만, 1990년까지만 해도 강경자 할머니 담뱃가게는 그 동네에서 장사가 잘되는 곳이었다. 담배 하치장(담배를 각 지역에 분배하기 전, 전매청에서 담배를 사서 모아 놓은 곳) 역할도 했으니 찾아오는 사람이 많았다. 앉을 시간도 없이 바쁠 때는 애들을 등나무에 묶어 놓고 일했다. 가게 앞으로 차가 지나다녀 애들은 위험하고 장사는 해야 하니 선택한 방법이었다.

"우리 가게가 담배 하치장이라 삼성동 구역에 있는 가

게들이 이곳에 와서 담배를 가져갔어. 담배가 새로 나왔다 하면 사람들이 줄을 서서 사 가곤 했어. 장사가 아주 잘됐지. 당시 담배 가격이 천 원, 2천 원이었는데 종류도 많았어. 한 마흔 가지는 됐을 거야. 가장 인기가 좋았던 게 뭐였더라. 파고다인가 그랬어. 봉초담배(담뱃잎을 큰 봉투에 담아 놓은 가장 독하고 저렴한 담배)도 팔았는데 이것도 사람들이 많이 사 갔어. 그때도 사람들이 담배를 많이 피웠어."

담배는 1981년 담배 하치장이 폐지될 때까지 전매청(지금의 담배인삼공사)에서 하치장을 선정해 담배를 판매했다. 하치장을 하면 장소 대여비로 매달 50만 원씩 나왔다. 지금처럼 직접 담배회사에서 담배를 갖다 주기 전에는 전매청에 담배를 사러 가는 게 하치장 담뱃가게 주인들의 일 중 하나였다.

할머니 담뱃가게가 한창 호황기를 누리던 20~30년 전 당시, 담배는 사람들에게 인기가 좋은 만큼 꽤 값이 나가는 기호식품이라 담뱃가게에 도둑이 드는 일이 많았다.

"우리 가게에도 도둑이 들었었어. 바로 가게 뒤편에 담배 박스를 쌓아 놨었는데 그걸 다 가져간 거야. 보관 잘못했다고 전매청에 그 담배 가격 다 물어내기도 했어."

건물을 새로 지으면서 소금가게를 철물가게로 바꾼 뒤,

가게 앞 등나무 아래 젊은 시절의 강경자 씨.
예전에는 등나무가 있어 담뱃가게를 등나무
가게라 불렀다.

가게 건물을 새로 짓는 중이다.

삼성동 우체국 바로 옆에 있는 할머니 가게에선 우표도 팔았다. 가게 앞에는 공중전화도 있었다. 동네 사람들이 필요로 하는 물품은 모두 팔았다. 하지만 팔지 않은 것도 있다. 일본 담배다.

"옛날에 하치장할 때는 외국담배를 팔았는데 이제는 안 팔아. 돈을 더 준다고 해도 난 안 팔아. 마일드세븐(일본 담배)은 아예 안 팔았어. 그 담배는 하치장 할 때부터 안 팔았어. 옛날 우리나라 사람들이 일본 사람한테 당한 거 생각하면 안 팔아야지."

1986년부터 외국담배가 판매되었지만, 할머니는 하치장을 했을 때를 빼곤 외국담배를 팔지 않는다.

담뱃값이 올랐다

1월부터 담뱃갑이 2천 원 올랐다. 할머니는 담뱃값이 오르면 고기 사 먹는 사람 따로 있는 것처럼 돈 있는 사람만 담배를 피울 거라고 했다.

"담뱃값이 오르면 오르는 대로 살아야지. 뭐, 어떻게 하겠어. 예전에는 담뱃값 오른다고만 잠깐 뉴스 나오고 슬그머니 올랐어. 언제 오르는지 모르게 올린 거야. 그러니 지금처럼 담배 가격 오른다고 시끌벅적하지 않았지. 담배장사는 이제 한물갔어. 담배 가격 오르면 피우는 사람이 줄어들겠지. 그럼 장사는 더 안 되고. 정말 금연하게 하려면 가게 안에서 담배를 못 피우게 하거나, 값을 올리지 말고 담배 회사 문을 닫아야지. '왜 담배를 팔면서 못 피우게 할까?' 그런 생각을 해. 안 그래?"

담뱃값이 예전과 달라진 것처럼, 할머니 가게도, 가게를 찾아오던 사람도, 동네도 모두 변했다. 단골도 많았지만, 이제 동네를 다 떠나고 몇 명 남지 않았다.

"예전에는 우리 가게 말고 담뱃가게가 두 군데 더 있었어. 경기가 안 좋아서 장사가 안 되니까 없어졌지. 이제 가격이 올라서 장사가 더 안 될 거야. 고생해야지. 동네 모습 바뀐 거 보면 쓸쓸해. 가게 안에 앉아서 밖을 바라보면 세월이 지나간 게 보여. 나는 계속 여기서 장사를 했는데 모습은 많이 바뀌었어. 동네 사람도 다 떠나고. 그래도 여기서 사람 귀한 줄 알고 잘 살아야지."

할머니와 이야기를 나누는 사이 '0.5 하나 주세요' 하며 손님 한 명이 미닫이문을 열고 가게 안으로 들어왔다. 할머니는 숫자만 듣고도 담배를 꺼내 손님에게 건넸다.

다른 건 기억이 안 나도 남편과의 일은 기억이 잘 나.
잊을 수가 없지. 어떻게 잊어.

______기억이 안 나

그게 얼마나 된 일인지, 그 당시 인기 담배는 뭐였는지, 자꾸 기억을 되살려 보라는 이의 재촉에 할머니의 대답은 기억이 나지 않는다였다. 그런 일이 언제였는지, 뭐가 어땠는지 기억을 되살리는 건 할머니에겐 중요한 일이 아니었다. 할머니가 굳이 기억을 되짚어 보지 않아도 생각이 나는 것, 잊지 못하는 것은 남편이었다.

"이상하게 그날 남편을 붙잡고 싶었어. 산에 간다고 하는데 '가지 마라, 말아라, 꿈자리가 안 좋다. 가지 마라.' 해도 남편은 괜찮다고 갔다 온다고 하더라고. 그리고 그날 산에 갔다 다쳐서 못 일어난 거지. 그렇게 갔어. 대둔산에 간 남편이 낭떠러지에서 떨어져 닷새 만에 세상을 떠난 거야."

할머니 나이 마흔아홉에 남편은 세상을 떠났다. 남편을 먼저 하늘로 보내고 할머니는 마음이 부끄러웠다고 표현했다. 남편을 잃은 과부 신세가 당당하지 못했음을 말했다. 동네 사람 누구도 손가락질한 것은 아니었지만, 자신 스스로 그렇게 느낀 것이다. 남편이 살아 있을 때는 담배도 팔면서 철물가게도 같이했지만, 남편이 세상을 떠나고 할머니는 담뱃가게만 운영해 3남매를 키웠다. 담뱃가게는 남편 없어도 할머니 혼자서 할 수 있는 일이었다.

"남편 죽고 나서는 여태껏 애들 믿고 살았어. 애들이 다 착하게 잘 살아 줘서 고마워. 그래도 뭐니 뭐니 해도 신랑 있을 때가 좋았어. 남편과의 일은 하나에서 열까지 생각나. 다른 건 기억이 안 나도 남편과의 일은 기억이 잘 나. 잊을 수가 없지. 어떻게 잊어."

할머니 가게는 간판 하나 없는 담뱃가게지만, 엄연히 이름이 있다. 서문상회다. 서씨 가문이 사는 집 문이 서쪽으로 나 있다고 해서 그렇게 지었다. 남편이 지은 가게 이름이다. 이제 가게 앞에는 등나무도, 공중전화도 없지만, 이곳은 여전히 서문상회다.

(2015년 1월 93호)

가게 안에 앉아서 밖을 바라보면 세월이 지나간 게 보여.

공간 숨결

도시가 간직한 시간의 흔적들

그 공간이 이제 익숙할 텐데 고양이는 절대로 경계를 늦추지 않는다.
움직이는 근육에 긴장감이 가득하다.

불 꺼진 시장이
살아 있다

불 꺼진 시장이 살아 있다

중앙시장

글 사진 이용원

쓸쓸함이나 치열한 삶의 흔적이 가득할 것이라 생각했던 공간에 그따위 것은 없었다. 검은 비닐봉지 달랑 손에 쥔 채 시장 골목을 훠이훠이 떠나는 시장 아주머니 얼굴에도 '삶의 피곤함' 따위는 없었다. 공간에도, 얼굴에도 그저 '일상'이 있을 뿐이다.

저녁 8시가 조금 넘은 시간, 중앙시장에는 이미 대부분 점포가 문을 닫았다. 가게 문을 걸어 잠그거나 파란색과 검은색 등 짙은 색 포장재로 물건을 꽁꽁 싸맸다. 평상이나 리어카도 없이 그냥 난전을 편 상인은 주섬주섬 물건을 싸 작은 손수레에 옮겨 싣고 자리를 깨끗이 비질한 후 떠났다.

중앙시장 폐점은 저녁 7시께부터 시작해 새벽까지 이어진다. 대형할인마트가 생기기 전, 밤 12시까지 문을 열어두는 것은 일도 아니었다. 그 늦은 시간까지도 사람들은 어깨를 부딪히며 좁은 시장 골목을 걸었다. 재래시장이 대형할인마트 등장에 직격탄을 맞은 이후 이곳 시장 상인의 노동 시간이 줄고 공간에는 필요 이상으로 틈이 생겼다.

"여기서 한 50년 했지. 같이 시작했던 사람은 지금 하나도 없어. 대부분 죽었어. 옛날에는 꽃게가 싸고 많아서 그걸 취급했는데 지금은 비싸고 귀하잖어. 그냥 먹고살려고 하는 거지 뭐. 빨리 정리하고 들어가야지."

꽃게굴상회 주인 할머니는 80세가 넘었다. 우렁이와 굴, 바지락 등에 얼음을 짓이겨 얹고 비닐로 꼼꼼하게 여민다. 얼음은 정한 시간에 오정동 시장에서 배달해 주는 사람이 있다. 할머니가 지금 자리에서 장사한 것이 이제 50년이다. 같은 라인에 있는 동료들은 일찌감치 자리를 정리하고 떠났는데 꽃게굴상회 할머니는 정리가 좀 늦었다.

바지런히 걸레를 빨고 바닥에 비질을 하는 할머니 뒤로

회색빛 고양이 한 마리가 들락날락 정신없다. 가게 앞 쓰레기통에 버려둔 비린 생선 토막이라도 발견한 모양이다. 문 닫은 중앙시장, 그 공간이 이제 익숙할 텐데 고양이는 절대로 경계를 늦추지 않는다. 움직이는 근육에 긴장감이 가득하다. 생선가게 주인은 이미 자리를 떠났지만 눈치 보고 조심스럽게 앞발을 뻗는 것이 제 할 도리라도 되는 것처럼 자태가 얌전하고 부끄럽다. 시장 골목에서 마주친 고양이는 제법 여러 마리다. 모든 고양이가 그리 얌전한 것은 아니었다. 먹이 사냥과 포식을 끝내고 정글을 유영하듯 걷는 사자처럼 골목을 유유자적 노니는 녀석도 만났다.

정리가 끝났거나 한창 정리 중인 다른 구역과는 다르게 순대골목에는 불이 환하다. 10여 곳이 모여 비슷한 높이로 환한 전등을 나란히 켜 놓았다. 환한 전등을 켜고 오징어를 낚는 오징어잡이 배처럼 순대골목은 그렇게 늦은 시간까지 술꾼을 낚았다. 파도 대신 순대솥에서 모락모락 피어오르는 김이 흔들흔들 흔들린다.

______'냄새'가 사라진 불 꺼진 시장

공간에 사람이 그득할 때는 보이지 않던 가게 이름이 하나둘 눈에 들어온다. 사람이 떠난 자리를 이름이 남아 지

꽃게굴상회 주인 할머니는 80세가 넘었다.
우렁이와 굴, 바지락 등에 얼음을 짓이겨 얹고 비닐로 꼼꼼하게 여민다.

킨다. 도화상회, 옛날 손두부, 옥계손두부, 신화양품, 판암생선집, 형제상회, 떡 한과, 한양상회, 수현이네. 가게 이름 작명에도 뚜렷한 차이가 나타난다. 판매하는 품목을 전면에 강하게 드러내는 이름이 있는가 하면, 무엇을 파는지 모를 가게 이름도 많다. 판매 상품만 덩그러니 써 놓은 가게 이름에 군더더기란 찾아볼 수 없다. 시쳇말로 '쿨'하다. 난 이것을 팔고 넌 이것을 사고, 시장이 지닌 기능에 충실할 뿐이다. 반면, 도무지 무엇을 파는지 모를 가게 이름, 그중에서 사람 이름으로 가게 이름을 지은 경우에는 '관계'에 관한 욕망을 더 느낄 수 있다. 난 팔고 넌 사지만 이 행위를 통해 조금은 더 내밀한 관계를 맺고 싶다는 욕망 말이다. 이 욕망은 '기억'에 닿는다. 기억이 쌓이고 쌓여 '단골'이 될 터다. 사람이 없는 공간에 서서 가게 이름을 한참 들여다보니 별생각이 다 든다.

아케이드를 높게 설치한 자유도매시장과 수입상가, 대전도매상가 주변은 밤 9시도 안 된 시간에 가게 문을 모두 닫았다. 시장 골목은 금방 비질을 마친 듯 깨끗하다.

사람만 쏙 빠진 시장 골목이지만 이야기는 계속 흐른다. 가방을 수선하는 가게 처마에는 더는 수리가 힘들어 보이는 가방이 엎드려 누워 있고 낮에 바삐 돌아갔을 미싱도 여전히 자리를 지킨다. 그 맞은편 이불 가게에는 배달용으로 보이는 자전거가 서 있고 유리문을 통해 차곡차곡 쌓아 둔 베개와 이불이 말을 건넨다. MBC 방송국에서 소개한 소문난 맛집이라고 자랑하는 매콤달콤 떡볶이 가게에서는 '아줌마'를 구한다. 적절하지 않은 시간에 그 공간에 찾아든 이는 그 풍경 속에 최대한 조심스럽게 스며들려 하지만, 풍경은 강하게 밀어낸다.

주춤주춤 밀려 도착한 시장 골목 교차로 머리 위로 텔레비전이 기다란 막대기 끝에 단단하게 매달렸다. 네 방향에서 교차로 중심으로 다가오는 이들을 배려한 듯 텔레비전도 모두 네 개다. 대한민국과 미국, 일본을 대표하는 이들이 나란히 화면에 등장한다. 간혹 풍경을 깨지 않도록 조심스럽게 시장 안 교차로를 통과하는 사람이 있지만, 시선을 위로 올려 보내지는 않는다. 텔레비전은 굳이 신경을 건드리지 않겠다는 듯 소리를 끈 채 화면만 내보낸다. 고요한 공간에 혼자 밝게 빛나는 현실이 당황스러운 듯 화면이 이리저리 불안하게 흔들린다.

점점 어둠이 짙어 가는 시장 골목 안에서 받은 느낌 중 하나는 '결핍'이었다. 그것은 사람이라는 가장 크고 중요한 구성요소 말고 다른 것이 빠진 자리였다. 한참 공간 속에 머문 끝에 그것이 '냄새'라는 사실을 깨달았다. 비 가림 아케이드 덕분에 저녁이 되면 냄새도 높이 높이 떠올라 아

청사초롱을 닮은 가로등 아래 형체를 드러내긴 하지만 이미 한낮의 그 빛을 잃었다.
그 끝에 과일가게 한 곳만 문을 열어 둔 채다.

이불 가게에는 배달용으로 보이는
자전거가 서 있고 유리문을 통해 차곡차곡
쌓아 둔 베개와 이불이 말을 건넨다.

케이드 꼭대기에 달라붙어 있다가 태양이 떠오르면 다시 바닥으로 내려오는 모양이다. '냄새'가 사라진 불 꺼진 시장은 그 낮빛이 바뀌어 있었다.

밀도 높은 고요

택지개발지처럼 반듯반듯한 골목을 형성한 중앙시장에 제법 큰 통로가 '화월통'이다. 똑같이 제작한 가점포가 줄을 맞춰 일렬로 늘어섰다. 모두 문을 닫았다. 청사초롱을 닮은 가로등 아래 형체를 드러내긴 하지만 이미 한낮의 그 빛을 잃었다. 그 끝에 과일가게 한 곳만 문을 열어 둔 채다.

"저녁에 퇴근하는 사람들이 들를까 싶어 다른 가게보다 조금 더 오래 열어 두기는 해. 이제 나도 들어가야지. 옛날에는 새벽까지도 손님이 많았어. 대전에서 신선하고 품질 좋은 과일을 사려면 중앙시장에 꼭 와야 했으니까. 그런데 지금은 어디서든 쉽게 살 수 있잖아."

70대 과일가게 할머니는 거둠거둠 과일가게를 정리했다. 문만 걸어 잠그면 되는 것이 아니라 진열한 과일을 다시 잡도리해야 하니 정리하는 시간도 만만치 않다. 중앙시장을 한 바퀴 돌고 다시 찾아간 화월통에서 종이 박스를 정리하는 할머니를 만났다. 그 과일가게 부근이다. "생각보다 많이 나와서 정신이 하나도 없네요. 아이고, 잘 부탁합니다."

할머니는 허리를 힘껏 곧추세워도 모두 펴지지 않았다. 그 곁으로 넥타이를 맨 회사원들이 순대골목이나 포장마차에서 술 한 잔을 걸쳤는지 불콰해진 얼굴로 걸음을 옮긴다. 너덧 명이 나란히 서서 걸어도 결코 좁지 않은 공간이다. 할머니가 무엇을 잘 부탁하고 싶었던 것인지 생각을 곱씹으며 다시 시장 골목 안으로 들어선다.

10시가 다 되어 가는 시간, 순대골목에 몇몇 순대 좌판은 불을 끄고 덮을 내렸다. 그 순대골목 어귀에 남은 음식물을 수거해 가는 트럭 한 대가 서 있다. 고무통에는 이미 이런저런 식당에서 쏟아부은 음식물이 가득하다. 건어물 가게에는 마지막 흥정이 한창이고 화월통 끝자락 포장마차에는 단출한 안주 앞에 놓고 목청껏 소리 높이는 취객이 드문드문 앉았다. 중앙시장에서 유명한 족발집은 문 닫을 생각이 없는 듯하고 은행교 앞 시장 초입에 꽃가게도 여전히 환하게 불을 켜 두었다.

시장을 몇 바퀴 돌며 반복적으로 다시 만난 사람도 두어 명이다. 한자리에 서 있지 않고 시장 골목을 이리저리 배회한다. 한낮에 스며들지 못하고 지금 풍경이 더 익숙한 듯 가벼운 발걸음으로 시장 골목을 배회한다. 시장 안 고

그 순간, 시장 어귀에서 자전거를 끌며 시장 골목 안으로 들어오는 젊은 연인을 만났다. 마치 호수공원이라도 산책하듯 자연스럽게 두 손을 꼭 붙잡은 채 시장 골목 반대편으로 사라졌다.

요함은 밀도가 상대적으로 높다. 한낮 시끌벅적함 끝에 찾아오는 고요함이라서 그렇다. 그 소란스러운 흔적이 꽁꽁 싸맨 포장 틈으로 고개를 빼꼼히 내밀며 수많은 상상을 불러일으킨다. 완벽한 고요 속에 비집고 들어오는 상념이 아닌 대 놓고 들이대는 상상은 마음을 차분하게 가라앉힌다. 상상에만 온전히 집중하기 때문이다. 장사를 끝마친 시장 골목을 이리저리 배회하는 일은 일종의 짧은 여행이기도 하며 탑을 가운데 두고 두 손을 합장한 채 벌이는 탑돌이를 닮기도 했다.

불 꺼진 쇼윈도 안에 놓인 인형의 어깨에는 세월과 함께 무시 못할 내공이 쌓였다. 두 눈을 똑바로 마주쳐 오는 모습이 신기해 한참을 들여다보았다. 그 순간, 시장 어귀에서 자전거를 끌며 시장 골목 안으로 들어오는 젊은 연인을 만났다. 마치 호수공원이라도 산책하듯 자연스럽게 두 손을 꼭 붙잡은 채 시장 골목 반대편으로 사라졌다.

비현실적인 공간에서 마주한 무척 현실적인 장면은 공간을 더욱 몽환적으로 만들었다. 불 꺼진 시장은 그렇게 다른 색깔 다른 표정으로 색다른 이야기를 풀어냈다.

(2014년 4월 84호)

시장 안 고요함은
밀도가 상대적으로 높다.

거지다리 사거리 전경.
20여 년 전까지 덕암천이 흐르던 곳으로 현재는 복개한 상태다.

넝마주이가 살던 다리

넝마주이가 살던 다리

신탄진 거지다리

글 사진 송주홍

대전에서 17번 국도를 타고 신탄진 방면으로 쭉 들어가면 오른편에 KT&G 한국담배인삼공사가 보인다. 옛날 표현을 빌리자면 전매청인데, 그 전매청 맞은편에 나란히 있는 동네가 덕암동, 석봉동이다. 이 두 동네로 들어가는 초입에 굴다리가 있다.

'그 굴다리를 지나 덕암동, 석봉동을 가로질러 쭉 가면 나온다.' 신탄진 거지다리에 대해 아는 건 이게 전부였다. 방법이 없었다. 직접 찾아가 보는 수밖에.

거지다리가 없다!

아는 정보대로 굴다리를 지났더니 슈퍼가 하나 보였다. 그 슈퍼 앞 공터에 택시가 몇 대 모여 있었다. 자연스럽게 형성한 택시 승강장인 듯했다. 사전 정보라도 얻을까 싶어 자판기 커피를 마시며 쉬고 있던 택시기사들에게 다가갔다.

"이 양반이 뭔 소리 하는 겨? 거지다리 없어진 지가 언젠데 거지다리를 찾어? 다리는 진작 없어졌고, 다리 있던 데가 저 앞에 약국 있는 사거리인데, 사람들이 그 사거리를 지금도 거지다리라고 부르기는 하지."

신탄진 토박이로 신탄진에서 20여 년째 택시를 몰았다는 정광희(66) 기사 말인즉, 굴다리에서 사거리 지나 한국타이어까지 쭉 뻗은 길이 예전엔 하천이었다고 한다.

"계족산 끝자락에서 나와 금강으로 흘러가는 천이었지. 그 천을 기준으로 왼쪽이 덕암동, 오른쪽이 석봉동이었고, 양쪽 왔다 갔다 하던 다리가 거지다리였지. 그러다가 전매청 뒤쪽 공장에서 나오는 폐수 때문에 냄새도 심하고, 교통도 불편하니까 20년 전쯤에 하천을 복개해 버렸다고. 그러면서 거지다리도 없어진 겨."

난감했다. 거지다리가 없어졌다니. 약국 있는 사거리가 여전히 거지다리로 통용된다고 하니 영 없어진 건 아니지만, 아무튼 실체가 없어진 거다. 이대로 돌아갈까 했다. 하지만 그러기엔 아쉬움이 남았다. 왜 거지다리였는지 정도는 알고 싶었다.

"원래는 그 다리를 망골다리라고 했었어. 그 주변을 망골이라고 불렀었거든.(후에 확인한 사실인데, 그 다리 정식 명칭은 덕암교, 하천 명칭은 덕암천이었다.) 근데 언젠가부터 넝마주이들이 그 다리 밑에 살기 시작하더라고. 60년대 후반에서 70년대 초반 정도였던 거 같은데? 넝마주이 알지? 등에 망태 짊어지고 집게 들고 다니며 폐지 줍던 사람. 걔들이 살기 시작하면서 그 다리를 거지다리, 거지다리 그렇게 불렀지. 걔들이 거지처럼 생겼었어."

정광희 기사가 기억하는 그들 모습은 거지와 다르지 않았다. 거적때기 같은 옷차림에 머리는 산발, 얼굴이며 손이 새카맸고 연령대는 대략 10대 중후반에서 20대까지 다양했었다고 한다.

"보니까 10대 중반 애들은 구걸하러 다니고, 10대 후반쯤 하는 애들은 폐지 주우러 다니는 것 같더라고. 거기에 걔네들 관리하는 오야붕이 하나 있었어. 김천식이라고. 개인적으로 좀 알았어. 나보다 두 살인가 많았는데, 비유하자면 '거지왕 김춘삼' 같은 존재였던 거지. 아직 신탄진에 사는 거 같지 아마? 그 사람 찾아봐. 그럼 자세히 말해 주지 않겠어?"

맞는 말이었다. 김천식 씨만 만날 수 있다면 끝나는 문제였다. 근데 김천식 씨를 어디서 찾는단 말인가.

김천식을 찾아라

처음 찾아간 곳은 덕암주민센터. 이곳에선 별다른 소득을 얻을 수 없었다. 거지다리라면 석봉주민센터 관할이니 그쪽으로 가 보라는 말뿐이었다. 하는 수 없이 석봉주민센터에 가 보았다. 석봉주민센터에선 색다른 얘기를 하나 전해 들을 수 있었다.

"거지다리요? 그러면 '재건대*' 애들 얘기하는 거 같은데? 재건대는 알아서 뭐하시려고요?"

석봉주민센터에 따르면 거지다리에 있던 넝마주이들이 재건대 사람이었다는 거다. 그러면서 희망적인 소식을 하나 더 건넸다.

"이 김천식 씨가 그 김천식 씨가 맞는지는 모르겠는데, 석봉동에 김천식이라는 분이 한 분 사시기는 하네요. 전화번호는 알려 드릴 수 없고, 주소만 알려 드릴 테니까 한 번 찾아가 보시든가요."

석봉주민센터에서 일러 준 김천식 씨는 의외로 거지다리(현 사거리)에서 그리 멀지 않은 곳에 살고 있었다. 반신반의하는 마음으로 찾아간 김천식 씨 집. 얼굴을 보는 순간, 단번에 제대로 찾아왔음을 알 수 있었다. 정광희 택시기사 말마따나 김천식 씨에게서 '오야붕' 포스가 진하게 느껴졌다.

---

* '재건대'는 5·16 군사쿠데타 이후 박정희가 대통령에 당선되기 전인 군정부 시절, 정부가 조직한 단체다. 그 당시 넝마주이들이 이런저런 범죄를 저지르며 시민들에게 피해를 줬다고 한다. 이 때문에 정부에서 이들 자활을 목적으로 등록제를 실시하고, 일부 지원금도 주며, 작업구역을 나눠 주는 등 재건대를 조직적으로 관리했다. 아래는 1966년 9월 5일 재건대 관련 《경향신문》에 실린 기고문 중 일부다.

"부디 우리를 '양아치'라고 부르지 말라. 직업에 귀천이 없다는 것은 모두가 잘 아는 사실이다. 사회인들은 우리를 '양아치', '거라시'라고들 불렀고 지금도 그렇게 부른다. (…) 5·16 이후 정부는 우리에게서 양아치라는 말을 면해 주고 재건대라는 새로운 칭호를 줬다. (…) 사람들의 비웃음을 받고 사는 우리들이지만 추령(바구니)을 메고 나갈 때와 들어올 때는 얼굴에 웃음꽃을 활짝 피우며 찬란한 미래를 꿈꾸고 있다. (…) 부디 '재건대'라 불러 줬으면 하는 마음 간절하다."
(재건대 조성기)

'돼지'와의 만남

처음 문을 열고 들어갔을 때, 김천식(68) 씨는 "뭐 잘한 일이라고."라며 한사코 입 열기를 꺼려했다. 하지만 끈질긴 설득 끝에 서서히 말문을 열었다.

"처음 저 다리 밑으로 들어온 게 1965년 4월이었어. 그 당시 내가 스무 살이었고, 밑에 있던 애들이 대여섯 명 정도였는데 걔들이랑 같이 들어왔지."

사실, 김천식 씨가 재건대 활동을 시작한 건 재건대가 처음 생길 무렵인 1963년이었다. 그때는 중촌동에 있던 재건대 대전지대 소속이었다고 한다.

"거기 있다가 세력 싸움이 나는 바람에 애들을 몇 데리고 나온 거지. 원래는 서울로 가려고 했었어. 그래서 떠돌아다니며 위쪽으로 올라가다가 충북 부강에서 '돼지(본명 문용남)'를 만난 겨. 딱 봤는데, 얘가 아편에 중독돼 가지고 비리비리한 게 죽기 직전이더라고. 근데 원체가 다부지게 생겼었어. 한눈에 서로를 알아본 거지. 그래서 일단은 살려 놔야겠다 싶어, 아편 끊게 하려고 방에 가둬 놓고 뱀 잡아다 먹이면서 겨우 살려 놨지. 그때부터 닥치는 대로 처먹더라고. 그게 아편 중독 후유증이거든. 그래서 그때부터 돼지라고 했던 겨."

그렇게 연을 맺은 '돼지'와 얘기가 잘돼서 1965년 4월, 서울 가려던 발길을 돌려 다시 신탄진으로 내려오게 됐던 거다. 그것이 재건대 대전 서부지대의 시작이었다.

"실제로는 돼지가 애들을 관리하고, 나는 대전지대랑 서부지대 왔다 갔다 하면서 총괄했던 거지."

신탄진으로 들어와

김천식 씨가 신탄진을 주요 활동지로 택했던 건 단순히 '먹고 살기 위해서'였다고 한다.

"도시로 나가면 먹을 게 없잖아. 근데 막말로 시골은 주변에 먹을 것투성이거든. 당장 먹고는 살아야 하니까 신탄진으로 들어온 겨. 아무 밭에나 가서 감자며 옥수수라도 서리해다가 먹으려고. 처음 자리 잡히기 전까지는 그랬었지. 구걸도 좀 하고…."

먹는 문제도 문제지만, 거지다리 밑에 있던 숙소는 더 가관이었다고 한다.

"씻는 거? 요즘 사람들이야 이해 못하겠지만, 그때는 따로 씻는 게 어디 있어. 여름이나 돼야 대충 하천에서 멱 감는 거지, 겨울에는 생전 씻나? 그만큼 열악했어. 집이라고 해 봐야 다리 밑에 교각 있잖아? 그걸 벽 삼고, 다리 상판을 지붕 삼아서 흙벽돌로 대충 지어 놨었으니까. 그리고는 중앙시장에서 제일 싸구려 누빈 이불 몇 채 사다가 깔

1970년쯤 거지다리 앞에서 찍은 사진이다. 사진 주인공은 이길성(당시 나이 18살쯤) 씨로 김천식 씨 밑에서 일하던 사람이라고 한다. 거지다리 전체 모습은 아니지만, 현재로선 유일하게 거지다리 모습이 남아 있는 사진이다. 이 사진을 통해서 그 당시 넝마주이 모습도 확인할 수 있다.

신탄진 수영장을 관리하던 시절 찍은 사진이다. 왼쪽이 김천식 씨, 오른쪽이 '돼지(문용남 씨)'로 대략 20대 초중반 때였던 것으로 기억한다다. 김천식 씨 뒤쪽으로 신탄진 수영장과 피서객 모습이 보인다.

아 놓은 게 전부였지."

그렇게 겨우 자리를 잡고 나서야 본격적으로 폐지사업을 할 수 있었다. 폐지는 주로 2인 1조로 작업했다. 많을 땐 스무 명 정도까지 함께했었다고.

"주로 집 나온 애들, 소년원 갔다가 나온 애들, 길거리에서 노숙하던 사람들이 갈 때 없으니까 들어왔었지. 머물다 가기도 하고, 갔다가 다시 오기도 하고 그러면서…."

그렇게 모인 사람이 폐지 주우러 먼 거리는 리어카 끌고 다니고, 가까운 거리는 망태를 짊어지고 다녔다. 하루 동안 모아온 폐지며 재활용품을 다리 밑으로 가져오면 큰 저울에 무게를 달아 장부에 적어 놓고, 정산은 매달 한 번씩 했었다. 장부 정리와 애들 관리가 바로 '돼지'의 주 업무였다.

"애들이 폐지 가져오면 다리 밑에 빼곡하게 모아 놓는 거야. 많을 때는 다리 상판에 닿을 정도였어. 그렇게 한 달씩 모아서 넘겨주고 돈 받아오면 애들한테도 정산해 주고 그랬지. 그래도 힘들긴 마찬가지였어. 비라도 오면 폐지 다 젖어서 팔아먹지도 못하고, 여름에 물이라도 넘치면 폐지가 다 떠내려가고 난리도 아니었지."

늘 문제는 먹고사는 데 있었다. 폐지 주워다 팔아서 그 대식구가 먹고살기엔 한계가 있었다. 그래서 택했던 게 바로 신탄진 수영장이었다. 대청댐이 생기며 지금은 없어졌지만, 1980년대까지만 해도 신탄진역 뒤편에 신탄진 수영장(금강 줄기, 지금의 현도교 밑)이 있었다. 여름이면 물놀이 즐기러 오는 피서객이 제법 많아 한때는 신탄진 주요 관광지였다.

"그냥 돈 받기 뭣하니까 돗자리 하나씩 깔아 주고 자릿세 받았던 거지. 다 지난 일이지만, 그때는 그렇게 먹고 살았어. 피서객 상대로 장사도 하면서."

그 과정이 순탄했던 건 아니다. 기존에 신탄진 수영장을 '관리'하던 이들과의 마찰이 불가피했다. 일종의 세력 싸움이었던 셈이다.

"신탄진 애들이 있었을 거 아녀? 걔들 입장에서 보자면 우리는 외부인이지. 싸우기도 많이 싸웠어. 우리 애들 맞고 오면 가서 패 주고, 또 그러면 그쪽에서 우르르 몰려오고. 그러다가 신탄진 수영장을 우리가 관리하게 된 거지."

그리고 각자의 길로

그렇게 떵떵거리며 신탄진을 장악했던 재건대 대전 서부지대가 해체된 건 1980년대 중반이다.

"다리에서 나온 건 정확히 1979년 10월이었고, 해체한 건 그 몇 년 뒤지. 1980년대부터 온 도시를 재개발하며 건축붐이 일었잖아? 나가면 다 돈이었거든. 운전 배워서 버스기사 한다고 나가고, 기술 배워서 공사판 간다고 나가면서 하나둘 사람이 줄어든 거지. 공사판만 가도 훨씬 많이 버는데 누가 폐지 주우러 다니겠어?"

'돼지'도 그쯤 결혼을 하고 돈 벌러 간다며 떠났었다. 재건대 대전 서부지대 해체의 결정적 계기였던 듯하다. '돼지'와는 그러고 나서 한동안 연락이 끊겼었다고 한다.

"살아 있으면 일흔 살 됐겠네. 나보다 두 살 많았으니까. 20년 전인가? 죽었어. 자살했다고 하더라고. 다리 밑에서 거칠게 살던 사람이 평범하게 가정 꾸리고 산다는 게 쉽진 않았겠지. 그래서 죽은 게 아닐까 싶어…."

1965년. 조그만 하천 다리 밑에 넝마주이들이 살기 시작했다. 그때부터 사람들은 그 다리를 망골다리 대신 '거지다리'라고 불렀다.

10여 년 후, 먹고살길을 찾아 넝마주이들이 거지다리를 떠났다. '오야붕'도 떠나고 '돼지'도 떠났다. 그로부터 한참

뒤엔 다리도 없어졌다. 그래도 여전히 사람들은 그곳을 거지다리라고 부른다.

(2013년 4월 72호)

무궁화 백화점 외관에 덕지덕지 붙은 간판을 보면,
어린 시절 장롱에 마구잡이로 붙여 놓았던 스티커가 떠오른다.

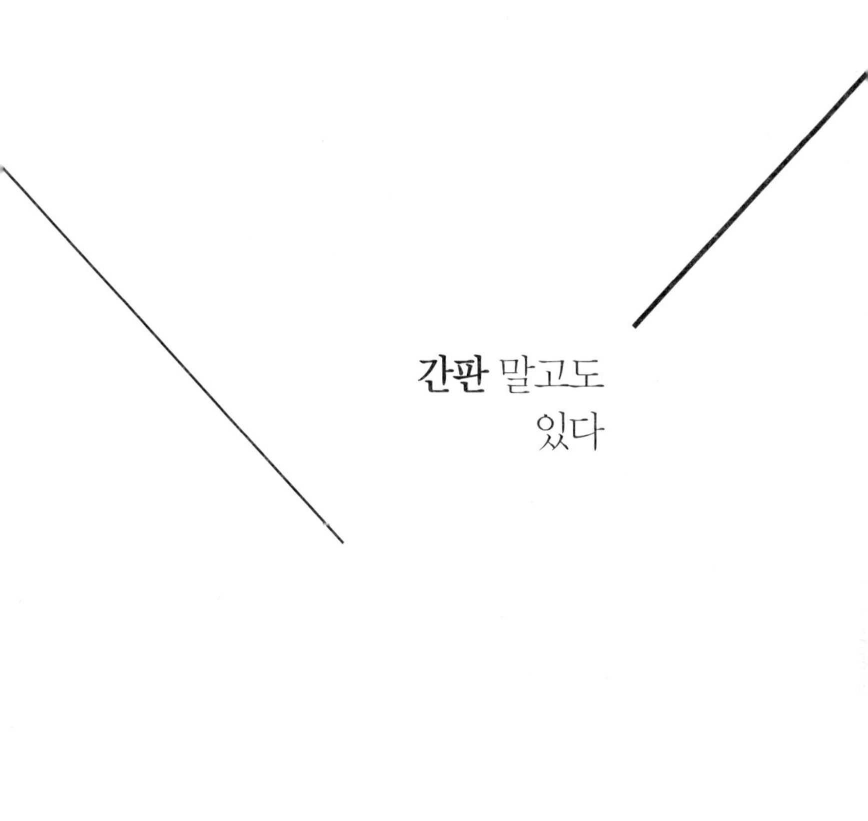

간판 말고도 있다

간판 말고도 있다
무궁화 백화점

글 사진 이수연

무궁화 백화점 외관에 덕지덕지 붙은 간판을 보면, 어린 시절 장롱에 마구잡이로 붙여 놓았던 스티커가 떠오른다. 스티커만 손에 쥐여 주면 엄마가 허락한 공간(주로 장롱문)에 다 붙여 놓곤 했다. 뗄 수도 없이 더덕더덕 붙였던 스티커와 무궁화 백화점의 간판은 많이 닮아 있었다.

"아니, 아가씨? 뭐 배우러 왔어?"

50대 후반이나 60대 초반으로 보이는 남자가 다가와 물었다. 무궁화 백화점 3층, 무궁화 카바레 앞을 서성이다 만난 남자였다. 우물쭈물거리자 선생님을 소개해 주겠다며 무궁화 카바레 안으로 안내했다. 오후 5시, 무궁화 카바레 안에는 세 명의 남자와 세 명의 여자가 있었다. 문을 열면 바로 보이는 곳이 댄스홀이다. 그 오른쪽에 부엌으로 보이는 곳이 있다. 사람들이 그곳에 놓인 동그란 탁지 위에 맥주와 안주를 놓고 먹고 있다. 한바탕 수업을 치른 후인지 댄스홀 안엔 아무도 없다. 남자가 등을 떠밀며 '선생'을 불렀다.

남자가 부른 '선생'은 40대로 추정되는 여자였다. 여자는 "가르치는 사람은 나뿐이고, 이곳은 주로 노는 곳"이라며 "주로 나이 드신 분이 배우는 곳이니 뻣뻣한 몸을 푸는 것은 학원을 찾아가 보라."라며 웃었다.

무궁화 카바레는 지금도 무궁화 백화점에서 객이 많은 곳 중 하나다. 1980년 3월 6일 설립한 무궁화 백화점은 당시 대전에서 가장 큰 복합쇼핑몰이었다. 현재 무궁화 카바레가 있는 3층은 예식장이었다. 2층은 의류판매점이 있었다. 무궁화 백화점이 생기고 2년 뒤인 1982년, 지금 갤러

리아 동백점 자리에 동양 백화점이 들어섰다. 바로 큰 타격을 입지는 않았다.

복합 쇼핑몰이라는 개념이 없을 때였다. 현재는 들어선 점포마다 주인이 다르지만, 처음에는 건물주가 따로 있었다. 그때 건물주는 무궁화 백화점에 들어온 상인에게서 받은 임대료로 다른 사업을 하다 실패했다. 사업 실패 후 무궁화 백화점이 경매로 넘어갔고, 각 점포에 들어선 상인이 경매에서 점포를 얻었다. 그래서 현재 무궁화 백화점은 아파트처럼 각 호마다 주인이 다르다.

_____빈 것이나 다름없지만, 사람도 있다

방송국이 떠나고 관공서가 떠난 것도 무궁화 백화점 매출이 줄어드는 데 한몫했다. 설상가상으로 가까운 곳에 1996년 세이백화점이 생겼고, 이후 홈플러스까지 들어섰다. 무궁화 백화점 지하에서 노래방을 운영하는 한상태(64) 씨는 부도 당시 노래방 자리를 산 것을 매우 후회하고 있었다.

"문 닫아 놓고 노가다 할 때도 있어요. 영업도 안 되는데 교통유발 부담금 내라고 찾아오고, 힘들어 죽겠어요. 마누라는 병원에 있고, 이렇게 어렵게 사는 사람이 참 많은

현재 무궁화 백화점은 아파트처럼 각 호마다 주인이 다르다.

많은 점포가 문을 열어 놓고 쉬거나, 문을 닫고 아예 영업하지 않고 있었다.

1974년 중앙데파트에서 우표사를 시작했다.
그때만 해도 우표사는 아이들 상대로 하는 장사였다.
지금이야 뭐든 넘치는 세상이지만, 그때는 모든 것이 귀히 여겨지던 때였다.

걸 알아야 해요."

노래방이나 의류코너는 무궁화 백화점 내에서 거의 영업이 되지 않았다. 2층에 있던 의류판매점이 1층으로 내려오고, 2층에는 지금 헬스장과 전당포, 미용실 등이 자리 잡고 있다. 헬스장은 지금 자리에 들어온 지 10년 정도다.

관리인인 김인근(61) 씨는 "이전에 의류판매점이 내려가고, 유도학원도 했다가 업종이 많이 바뀐 것으로 알고 있다."라고 말했다. 한 층에 250평 정도인데, 헬스장은 128평이다. 그나마 회원이 꽤 돼서 관리인을 두고, 운영이 가능하다.

헬스장과 같은 층인 미용실은 '찾아 주셔서 감사합니다. 자리를 비웠으니 연락해 주세요.'라는 메모를 남긴 채 문을 닫았다. 전당포는 살짝 열린 창문 틈으로 낮잠을 즐기는 아주머니를 볼 수 있었다. 많은 점포가 문을 열어 놓고 쉬거나, 문을 닫고 아예 영업하지 않았다. 건물을 빙 둘러싼 채로 빈틈없이 간판은 붙어 있는데, 막상 안은 휑한 기운만 불었다. 1층 점포를 돌아다니다 아리랑 우표사를 발견했다.

"나도 가끔만 나와. 문 열었다 닫았다 하지. 다른 사람들도 마찬가지야. 1층은 거의 장사를 하지 않는다고 봐야지. 빈 곳을 문구점에서 다 짐으로 채워 놔서 꽤 차 보이는 것일 뿐이지. 문구점 짐을 다 빼면 사실상 다 빈 것이나 다름없어."

1층 점포에서 우표사를 운영하는 박선규 할아버지는 무궁화 백화점 내에 자리한 지 20년 정도 됐다. 교사였던 박선규 할아버지에게 '수집'은 어린 시절부터 유일하게 가진 취미였다. 6 · 25전쟁 후 미군이 우리나라에 들어왔을 때, 화폐가 바뀌고 난 후라 집집에 엽전이 참 많이 돌아다녔다. 엽전을 화폐로 쓰던 시절이 아니기에 집마다 남아도는 엽전으로 엿을 바꿔 먹거나 엽전을 신기해하던 미군에게 싼값에 팔곤 했다. 제기차기의 시작도 그때부터라고 박선규 할아버지는 말한다. 종이에 엽전을 싸서 가운데 구멍을 뚫고 종이를 다시 빼 끝을 여러 갈래로 찢어 너풀거리게 하며 놀았던 것이 엽전 제기차기의 시작이었다. 그때 초등학생이었던 박선규 할아버지도 집에 많았던 엽전을 모으기 시작했다. 그것이 수집의 시작이었다. 자라면서도 꾸준히 무언가를 모았다. 그것은 우표이기도 했고, 동전이기도 했고, 광고지나 문서이기도 했다. 그렇게 모으는 것을 취미로 즐기다 이후 우표사를 열었다. 1974년 중앙데파트에서 우표사를 시작했다.

그때만 해도 우표사는 아이들을 상대로 하는 장사였다. 지금이야 뭐든 넘치는 세상이지만, 그때는 모든 것이 귀히 여겨지던 때였다. 어려웠던 시절을 추억하며 박선규 할아버지가 들려준 이야기는 '빵게'였다.

'무궁화 백화점'이라는 이름은 무궁화처럼 오래 피어나라고 지은 이름이다.
무궁화 백화점 안에서 가장 오래 점포를 운영했다는 무궁화 도매마트 사장 내외의 이야기다.

"요즘 애들 대학원 나왔어도 그건 몰라. 옛날 구로공단에 전국에서 처자들이 다 모였단 말이야. 시골 아가씨들이 무조건 공장에 나와서 일을 했어. 그런데 공장에서 저녁을 먹이고 또 일을 시킨단 말이야. 그러면 일하는 도중에 꼭 빵이 하나씩 나왔어. 그런데 애들이 그걸 먹지를 못해. 나는 밥도 먹고 배가 부른데 집에 가져다주면 얼마나 좋을까 하는 마음이 드는 거야. 그런데 하나씩은 보내지를 못하니까 30명씩 모여서 순서를 정해. 그리고 순서에 맞게 하루에 한 집씩 보내는 거지. 그럼 한 달에 한 번씩 고향 집에서는 그 빵 서른 개를 가지고 잔치를 하는 거야. 그걸 빵계라고 했어."

______사람 사는 정도 함께 있다

'무궁화 백화점'이라는 이름은 무궁화처럼 오래 피어나라고 지은 이름이다. 무궁화 백화점 안에서 가장 오래 점포를 운영했다는 무궁화 도매마트 사장 내외의 이야기다. 이제 막 30년이 된 슈퍼는 처음에는 직원을 두고 운영할 정도로 바빴다. 지금은 사장 내외만 가게를 지킨다. 오랜 시간 양심적으로 물건을 팔고, 아파트가 들어올 때 시설투자도 했다. 그래서인지 손님이 좀 있다. 사장 내외는 내년까지만 하고 시골로 내려갈 생각이다. 이제 자식들 다 키웠으니 둘이서 시골에 내려가 편안하게 살고 싶다고 말했다. 두 사람이 서 있던 계산대에 '채소는 시장에 가서 사세요.'라는 쪽지가 붙어 있었다.

"바로 옆에 시장 있는데 뭐 하러 그런 걸 팔아. 다 할머니들 나와서 장사하시니까 우린 처음 가게 생겼을 때부터 그런 거 안 팔았어. 콩나물도 안 파는 슈퍼는 우리밖에 없을 거야."

(2013년 8월 76호)

번화가 변두리에 있는 오래된 만화방의 시간은 아주 느리게 흘렀다.

다방 커피
한잔 잡술래요?

다방 커피
한잔 잡술래요?
만화방

글 사진 엄보람

만화를 그리 즐겨 읽지 않았다. 만화는 좋지 못한 것이라 생각한 부모님의 단속(?) 때문이었으니 읽지 '못했다'는 게 맞겠다. 기껏해야 학교에서 만화책을 돌려 보는 무리에 잠깐 동참하거나, 대여점에서 두어 권을 빌려 가방 안에 숨겨 두고 읽은 게 전부였다. 그 무렵 친구들이 드나들던 만화방은 동경의 공간이기도 했는데, 딱 한 번 친구를 따라 학교 앞 만화방에 간 적이 있다.

낮은 테이블을 가운데 두고 빙 둘러 있는 소파에 앉아, 아이들은 제 앞에 산처럼 쌓아 놓은 만화책을 맛있게도 읽어 치웠다. 휘리릭, 휘리릭 빠르게 책장 넘기는 소리만이 들리던 고요한 만화방은 왠지 아늑하게 느껴졌다. 시간으로 값을 매기던 만화방에서 친구가 다섯 권 읽을 동안 겨우 한 권 읽은 것이 조금 억울했던 것을 빼고는, 그 공간이 마음에 들었다. 처음이자 마지막이었던 만화방 체험은 어른이 되어서도 잊히지 않는 기억으로 남았다.

한 시간에 천 원이에요

어릴 적 기억에 기대어 만화방 찾기에 나섰다. 포털 사이트에서 '대전 만화방'을 검색하니 열 곳이 조금 넘는 만화방이 지도에 나왔다. 많지는 않을 거라고 예상했지만 생각보다 적은 숫자다. 개중에는 북카페를 겸하는 진화된 형태의 만화카페도 있었다. 음료를 주문하면 카페 안에 있는 모든 책을 마음껏 볼 수 있어 대학생들에게 꽤 인기인 듯했다. 쾌적한 분위기에서 만화책을 보기에는 좋은 듯했지만, 아무래도 '만화방'이라고 할 수는 없었다. 고심한 끝에 은행동에 있는 'ㅊ만화'로 향했다.

'ㅊ만화'는 은행동에서도 번화한 거리를 조금 비껴난 곳에 자리하고 있었다. 노란색 글씨로 '만화'라고 쓰인 동그란 돌출간판은 흐린 날씨 탓에 더 돋보였다. 만화방은 4층에 있었다. 층계를 오르는 길을 따라 왼쪽 벽면에는 각종 만화 포스터가 빼곡하게 붙어 있다. 오래된 듯 누런 테이프 자국이 군데군데 있는 포스터는 한껏 습기를 머금었다.

평일 오후 3시경, 반쯤 열린 출입문 사이로 빠끔히 고개를 내밀자 컴컴한 입구 쪽으로 차곡차곡 포갠 담요더미가 보였다. 왠지 영업을 하지 않는 듯한 을씨년스런 풍경에 돌아가려던 찰나, 만화방 주인아저씨가 손짓했다.

"들어와요. 여기는 24시간 영업해요. 한 시간에 천 원이니까, 저기 편한 데 앉아서 봐요. 요즘은 인터넷이 발달을 해 가지고 사람들이 만화책 보러 잘 안 와요."

만화방은 커다란 철제 책장을 사이에 두고 입구 쪽과 안쪽 공간으로 나뉘었다. 주황색 소파와 작은 테이블이 빼곡하게 놓여 있고, 소파에는 드문드문 담요가 깔려 있다. 주인아저씨는 손님 없는 만화방을 홀로 지키고 있던 터다. 그는 만화방 안쪽 주전자가 끓고 있는 난로 옆자리로 안내했다. 아무도 없는 어두운 공간을 어색해하는 기색이 엿보였던지, 아저씨는 편안하게 보라는 말을 반복했다. 조심스레 짐을 놓고 '코믹스'라고 적힌 서가로 다가갔다. 서가 앞쪽에는 『원피스』, 『테니스의 왕자』 등 추억의 만화책이

만화방은 커다란 철제 책장을 사이에 두고 입구 쪽과 안쪽 공간으로 나뉘었다.
주황색 소파와 작은 테이블이 빼곡하게 놓여 있고, 소파에는 드문드문 담요가 깔려 있다.

꽂혀 있고, 앞쪽 책장을 옆으로 밀어내자 아다치 미츠루의 『H2』 전권이 보였다. 반가운 마음에 까치발을 하고 가장 위칸에 있는 1, 2권을 꺼냈다. 소파에 엉거주춤하게 걸터앉아 책을 펼치고 있자니 주인아저씨가 말을 걸어온다.

"방금 누가 다섯 권 보고 갔는데, 그게 참 재밌어요. 그림체가 아주 깨끗하고, 원래 만화가 그래야 하는데. 요즘에는 막 그림에 가시가 돋쳐 있고, 사람 죽이고 그래요. 그런 만화 보면 성질이 나. 그건 보고 나면 편안해지고. 참, 다방 커핀데 한잔 잡술래요, 아가씨? 달짝지근해요."

주인아저씨는 옆 소파에 자리 잡은 남자 손님에게도 커피를 건넸다. 40대 초중반 정도로 보이는 그는 테이블에 추리소설을 잔뜩 가져다 놓고 말없이 책장을 넘겼다. 반쯤 불 꺼진 만화방 안에는 텔레비전 소리, 난로 위에서 주전자 물 끓는 소리, 주인아저씨가 텔레비전을 보며 혼자 무어라 읊조리는 말만이 희미하게 들렸다.

"비가 한 100밀리 왔으면 좋겠다. 가뭄이 들었다는데, 기껏해야 10밀리, 40밀리…."

"지금은 비 올 것 같지가 않은데, 밤늦게나 올라나."

어느새 주인아저씨 옆에 앉은 한 손님이 나지막한 음성으로 화답한다. 그러기를 얼마 지나지 않아 후드득 빗소리가 들리고, 주인아저씨가 급히 밖으로 뛰쳐나간다.

"비가 우박처럼 오네. 온다는 조짐도 없이 확 쏟아져 버리네."

주인아저씨는 잠시 바깥 동정을 살피러 나가더니, 다시금 불 꺼진 입구 쪽 공간 텔레비전 앞에 앉는다. 그러고는 텔레비전 뉴스를 보며 또다시 혼잣말을 하다가, 손님이 골라 온 만화책 값을 계산한다.

"그게 스물네 권짜리죠? 여덟 권씩 가져가야 돼. 짝이 맞아야 되니까."

『H2』 1, 2권을 다 읽는 동안 한 시간 정도가 흘렀다. 사실 주변의 목소리에 귀 기울이느라 만화책 내용은 머릿속에 잘 들어오지 않았다. 서가에서 3, 4권을 꺼내 와 읽는 둥 마는 둥 하다가는 주인아저씨에게 조심스레 향했다.

그때는 다방 개수만큼 있었어요

"여기는 한 27년 됐는데, 몇 사람이 거쳐 갔어요. 나는 2003년도에 시작을 해서 지금까지 하고 있어요. 처음 시작할 때는 근처에 만화방이 많이 있었죠. 고인돌만화방, 만화박물관… 아무튼 다방 개수만큼 있었어요. 그런데 만화방이 잘 안 되니까 은행동에 있는 만화방들이 다 그만두고 우리 집만 남아서 그때 장사가 조금 됐어요. 근데 2년 정도 지나니까 저쪽에 만화방 하나가 또 생겨서 손님을 뺏긴 뒤로는 하루 벌어서 견디는 그런 생활이죠. 지금 새 책 못 받은 지가 한 4, 5개월 됐나. (책장을 가리키며) 이게 두 칸을 채우려면 천만 원인데, 벌어서는 출판사한테 주고 나면 남는 게 없어요. 책 새로 들일 때는 손님한테 한 시간에 2천 4백 원 받았는데, 요즘은 책값이 안 드니까 한 시간에 천 원씩 받아요. 하루에 한두 사람 들어올 거예요. 여기가 우리 형님 건물이라 건물세가 없어 그나마 버티고 있는 거죠. 집에 안 가고 여기서 먹고 자고 한 지 한 2년 됐어요. 그래서 내가 이 건물에 24시간 대기하는 소방안전관리자예요(웃음). 다른 만화방들도 얘기 들어 보니까 처절하게 하고 있다고 하더라고요. 그래도 우리 집보다는 낫겠지."

만화방이 유독 컴컴한 이유는 넉넉지 않은 수입에 전기세를 조금이라도 아끼기 위해서였다. 만화방 주인아저씨는 손님이 오면 그제야 형광등을 하나씩 켠다. 그리고 자신은 늘 어두운 쪽에 앉아 있다. 만화방이 잘될 때 들여놨다는 에어컨도 사용하지 않은 지 오래다. 겨울에는 하루 종일 연탄 두 장으로 난방을 하고, 여름에는 옥상에 차광막을 설치해 무더위를 조금이나마 막는다고 했다. 주인아저씨와 얘기를 나누던 중 들어온 한 손님은 이곳이 익숙한 듯 자리를 잡자마자 제자리의 불을 밝혔다.

"저분들요? 단골은 아니에요. 요즘에는 단골이 없어

요. 주로 일용직 나가는 사람들이 와요. 여관보다 안 답답하고, 만화도 볼 수 있고, 새벽 일찍 일하러 나가기도 쉽고 그러니까요. 저렴하기도 하고요. 요즘 그렇게 여기 오는 사람이 한두 명 있어요. 요즘 만화방들이 그렇게 존재해요."

나는 좋은 생각으로 만화방 시작했어요

"어렸을 때부터 만화를 무지하게 봤이요. 이미 나만큼 본 사람 별로 없을 거여. 많이 본 거요? 지금 기억나는 건 임창 작가의 '땡이 시리즈', 이근철 작가의 만화, 박부성 작가의『도깨비 성냥』, 신문수 작가의『도깨비 감투』…. 또 여러 가지가 있었는데 기억이 잘 안 나네. 문창동에 춘향서림이라고 있었는데, 거기서 많이 봤죠. 누님하고 형님이 만화를 좋아해서 나랑 동생한테 자주 만화를 빌려 오라고 했어요. 그러면 우리 집이 있던 부사동 사거리에서 만화방 있는 문창다리까지 가야 하는데, 그 중간에 상엿집이 있었어요. 거기서 귀신이 나올까 무서워서 포장도 안 된 돌멩이만 잔뜩 있는 도로를 막 뛰어서 만화방까지 갔어요. 거기서 만화책을 몇 십 권씩을 빌려서 동생이랑 다시 막 뛰어 왔어요. 하룻저녁에 다 보고 갖다 줘야 되니까 무지

라면 있습니다
安城湯麵

하게 봤죠. 더군다나 방학 때는 만화천국이지 뭐. 온 동네가 다 그랬어요. 화장지가 없어서 만화책 쭉쭉 찢어서 화장지 대신 쓸 때도 있고(웃음)."

만화책을 주제로 시작된 이야기는 어렵게 살던 옛 시절 이야기를 거쳐 이승만 정권 이야기로, 정치 이야기로 샜다. 저편에 앉아 있던 손님이 라면을 주문한 것도 잊고, 주인아저씨는 한참을 얘기했다.

"아저씨, 여기 아직 라면 안 됐어요?"

"네, 금방 돼요. 얘기하다가 깜빡 잊어버렸네. 허허."

손님에게 끓인 라면을 내주고 돌아온 주인아저씨는 옛날과 달리 요즘 만화에 불만이 많다며 얘기를 이었다. 내용이 건실하고 좋은 만화가 많이 나와야 하는데, 근래는 그림이 무성의하고 잔인한 내용이 많은 게 마음에 들지 않는다고도 했다.

"나는 어릴 적 기억으로 좋은 생각을 가지고 만화방을 시작했으니까 불만이 많았죠. 실제로 해 보니까 만화들이 못된 게 많아."

얘기를 나누는 동안 사람들은 이따금 만화방 출입문을 슬며시 열었다가는 발길을 돌리거나, 안으로 들어와서는 어두컴컴한 분위기 탓에 어리둥절해하기도 했다. 그때마다 주인아저씨는 몸을 일으켜 들어오라 손짓하고, 영업 중

임을 끊임없이 알려야 했다. 그들 중 한 사람은 이내 자리 잡고 앉아 음료를 주문하고, 한 사람은 한동안 서가 주변을 서성이다 금세 나가기도 했다. 변화가 변두리에 있는 오래된 만화방의 시간은 아주 느리게 흘렀다.

낡은 카운터 한쪽에는 이제는 쓸모를 잃은 듯한 손때 묻은 시간표 뭉치가 있었다. 10분 단위로 시간을 표시해, 들어온 손님에게 쥐여 주고 나올 때 요금을 정산하는 목적으로 쓰이던 것이다. 사람이 붐빌 때야 없으면 안 될 물건이었겠지만, 이제는 옛 시절을 추억하는 용도로만 쓰였다. 주인아저씨의 말마따나 만화방은 그렇게 '존재'하고 있었다.

그래서 드물게 오는 젊은 손님이 더 반갑다. 만화방을 나설 무렵, 20대 초반의 커플이 출입문 앞에서 들어올까 말까 망설이고 있었다. 이를 본 주인아저씨가 금세 문 앞으로 뛰어나왔다.

"처음 오셨어요? 한 시간에 천 원이에요. 요즘 새로 나온 책은 없지만은 부담 없이 보세요. 너무 깜깜하다고 생각하지 마시고(웃음). 오늘 날씨가 풀려서 그런가 손님이 좀 있네."

(2015년 5월 97호)

낡은 카운터 한쪽에는
이제는 쓸모를 잃은 듯한
손때 묻은 시간표 뭉치가 있었다.

김삿갓 다방엔 정말 수많은 이야기가 있었다.

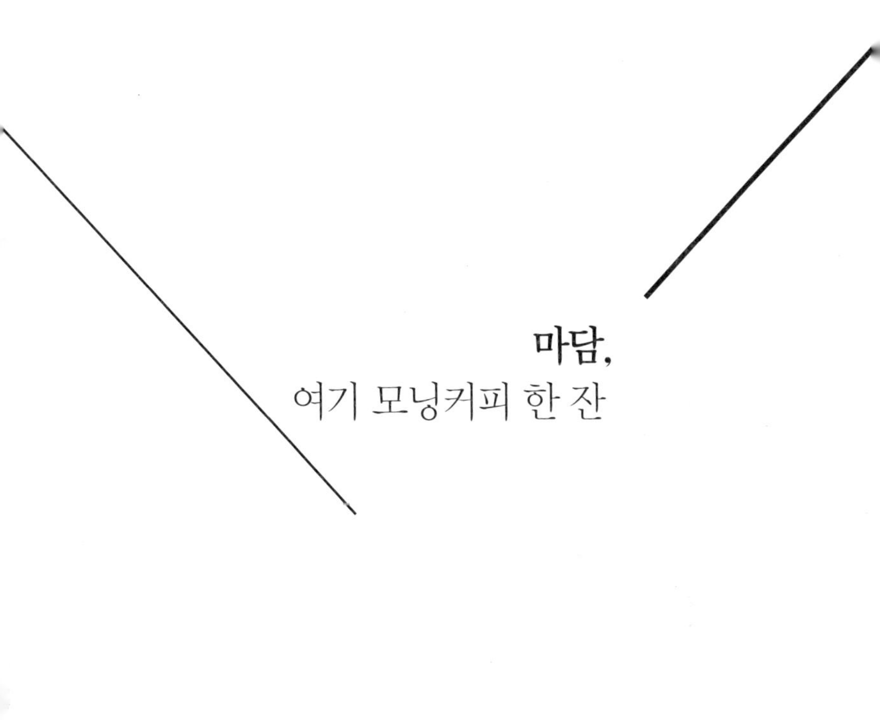

마담,

여기 모닝커피 한 잔

마담,
여기 모닝커피 한 잔
김삿갓 다방

글 사진 송주홍

저마다 기억의 차이가 있는지라 정확히 언제 처음 생겼는지는 알 수 없었다. 누구는 6·25전쟁 직후라 하고, 누구는 60년 전후란다. 주인도 수차례 바뀌어, 생길 당시 이야기도 들을 수 없었다. 다만, '대전에서 가장 오래된 다방'이라는 것엔 이견이 없었다.

누군가에겐 일상인 곳이

대전역에서 나와 광장을 벗어나면 길 건너 2층에 바로 보이는 김삿갓 다방. 이름 한번 잘 지었다. 말해 주지 않아도 왜 김삿갓 다방인지 알 것 같다. 역전 다방과 김삿갓, 어쩐지 잘 어울린다.

가파르고 좁은 계단을 올라 다방 문을 열었다. 홀 안쪽 벽에 붙은 커다란 삿갓 두 개가 눈에 띈다. 그 양쪽으론 이름 모를 그림 액자 몇 점이 걸려 있다. 그리고 더 안쪽엔 대전역 방향(동향)으로 전면에 창이 나 있다. 홀이 제법 넓다. 한참을 서서 훑어보고 있자니 조곤조곤 이야기 나누던 어르신 몇몇이 멀뚱히 바라본다. 그도 잠시, 각자의 역할로 돌아간다. 맥없이 창밖을 내다보고, 멍하니 티브이를 바라보고, 신문을 들척이고, 이따금 이야기가 오간다.

커피 한 잔을 시키고 어르신들 이야기에 귀를 기울여 본다. 가만히 듣고 있으니, 어르신들 입에서 자주 나오는 말이 있다. "옛날에…", "그때는…." 이야기 주제는 대중없다. 티브이 뉴스를 쫓아 정치 얘기가 오가다가, 누군가 던진 경기도 광주 얘기가 오가더니, 그마저도 툭 끊긴다. 그리고 한참 있다 한 어르신이 또 슬쩍 물꼬를 튼다.

"옛날에 말여…."

적어도 70~80세. 살아오며 축적한 이야기가 얼마나 많을까마는, 또 그만큼 저 이야기를 얼마나 곱씹었을까. 모르긴 몰라도 수십 수백 번은 입에 올렸을 이야기들. 또다시 끄집어내 기어코 테이블에 올린다.

그러거나 말거나, 저쪽 건너편에서 말없이 창밖을 바라보는 노신사 한 분. 슬며시 다가가 동석해 본다.

"뭐 그냥, 지나다니는 사람 보는 거지 뭐."

이름도 나이도 묻지 말라는 노신사는 김삿갓 다방에 종종 온다고 했다.

"집에서 아침 먹고 10시쯤 해서 슬슬 나오는 겨. 심심하니까. 약속 잡고 나오기도 하고 그냥 나오기도 하고…. 앉아 있다가 점심 먹고 또 오고 5시쯤 해서 들어가고 그러지 뭐."

그러고는 또 말없이 창밖을 바라보는 노신사. 한참 뜸을 들이고는 다시 말문을 연다.

"그때는 말이여 경기가 참 좋았어. 다방은 말할 것도 없고, 사업하면 다 잘됐으니까. 요즘은 사회가 너무 팍팍해. 그래서 가끔은 여기가 답답해."

노신사는 가슴을 콩콩 쳤다.

저쪽 건너편에서 말없이 창밖을 바라보는 노신사 한 분. 슬며시 다가가 동석해 본다.

누구든 물어보면 '저는 나이 모르고 살아요.'라고 말하거든요.
나이를 몰라야 이물 없이 지낼 수 있으니까.

______누군가에겐 터전일 수도 있고

다시 김삿갓 다방을 찾은 건 며칠 뒤다. 창밖 너머로 어슴푸레 해가 떨어지고 있었다. 그나마 자리를 지키던 어르신들도 집으로 돌아간 모양이다. 넓은 홀엔 이영자(73) 주인아주머니만 홀로 앉아 있었다.

"91년도인가? 위암으로 남편과 사별했어요. 그때부터 먹고 살려고 다방 일 시작했죠."

김삿갓 다방을 인수한 건 4년 전이라고 한다. 이 다방, 저 다방을 다니며 많이 지치기도 하고 나이도 들고 해서 디. 그만두고 한 2~3년 쉬었단다. 그러다가 '놀면 뭐하겠냐.' 싶어 다시 시작한 게 김삿갓 다방이다.

"아침에 나갈 곳 있는 게 좋아요. 다방 해서 돈 번다는 건 다 옛날 얘기고, 이거라도 하면 혼자 먹고는 사니까. 그리고 여기 있으면 사랑 많이 받잖아요(웃음). 그래서 손님한테도 나이 얘기 안 하는 거예요. 누구든 물어보면 '저는 나이 모르고 살아요.'라고 말하거든요. 나이를 몰라야 이물 없이 지낼 수 있으니까. 지난번에 봤던 할아버지도 사실 나보다 동생인데 나한테 반말하고 동생처럼 대하잖아요. 그냥 그렇게 하루하루 보내는 거예요."

그러면서 주인아주머니는 1990년대 초중반, 그나마 다방이 흥하던 시절 이야기를 해 줬다.

“내가 처음 다방 시작했을 때만 해도 다방이 괜찮았었거든요. 가양동에서 다방 할 때는 돈 좀 만졌으니까요.”

그때는 다방에 아가씨가 보통 두세 명씩 있었다고 한다. 월급이 대략 150만 원 정도였다고 하니, 지금 물가로 따져도 제법 큰돈이다. 아가씨들은 대개 근처 여관방을 하나 얻어 두셋씩 같이 지냈다. 마담 입장에선 얼굴은 조금 못났어도 애교 많고 붙임성 좋은 아가씨를 선호했다. 그런 아가씨가 장사 수완이 좋았다. 그렇게 마담 눈에 들면 일종의 팀을 형성해 늘 같이 다녔다는 것이다.

“장사가 잘되면 소문이 나잖아요. 그럼 권리금 더 얹어 줄 테니까 다방 넘기라는 제안이 들어와요. 마담들도 그 재미로 아가씨 몇 데리고 다니면서 이 다방 저 다방 옮겨 다니는 거죠. 그래서 다방 주인이 자주 바뀌는 거예요. 장사 좀 되면 넘기고, 넘기고 하니까요. 그래도 그 시절이 좋았죠. 아가씨들이랑 지지고 볶고 하면서도 또 늘 같이 다니니까 정도 쌓이고….”

그 시절 함께했던 몇몇 아가씨는 지금도 연락하고 지낸다. 지금은 다들 마흔이 넘은 아줌마다.

그때만 해도 여기 창문에 커튼이 있어 가지고 명도 2~3도 정도로 어둠침침했었다고.
저기 가운데 천장에는 샹들리에가 있어서 그 당시 드물게 카페 같은 고급스러운 분위기였지.

누군가에겐 추억일 수도 있다

그 옛날, 그 시절 김삿갓 다방을 소상히 기억하는 이는 드물었다. 수차례 김삿갓 다방을 찾았건만, 대부분은 "그때나 지금이나 똑같지 뭐."라고만 했다. 그 시절이나 지금이나, 어느 할아버지 말마따나 "시답잖은 농담이나 따먹던" 공간이니, 이곳에 뭐 큰 추억이 있을까 싶기도 하다.

또 다시 김삿갓에 찾은 건 막 점심시간이 지나서였다. 식후라 그런지 제법 손님이 있었다. 자리를 잡고 앉으려는데, 주인아주머니가 어깨를 툭툭 친다.

"저쪽에 저 양반이 시인이거든? 저 양반한테 가서 물어봐요. 이 얘기 저 얘기 좀 해 주지 않겠어요?"

장춘득(75) 할아버지는 문학전문잡지 미래문학 대표이자 시인이라며 자신을 소개했다. 장춘득 할아버지는 제법 자세히 김삿갓 다방을 기억하고 있었다.

"처음 김삿갓 드나든 게 1959년인데, 그때 내가 《중도일보》 취재부 기자로 일할 때거든. 그때만 해도 여기 창문에 커튼이 있어 가지고 명도 2~3도 정도로 어둠침침했었다고. 저기 가운데 천장에는 샹들리에가 있어서 그 당시 드물게 카페 같은 고급스러운 분위기였지. 여기서 사람 만나고 기사 쓰고 했었어. 그땐 사람 많았지."

장춘득 할아버지는 그 뒤로 얼마 안 돼 서울로 가, 시 쓰고 산책하며 살았다고 한다. 다시 대전에 돌아온 건 90년대 초반이다.

"대전에 오면서 다시 김삿갓 드나들기 시작했지. 옛날 같진 않지만 그래도 여기가 편하고 좋아. 여기서 시도 쓰고 놀다 가는 거지. 역사라는 게 말이야, 문화라는 게 다른 게 아니야. 지나가는 사람이 '아 여기 아직도 있네?' 하면서 추억을 떠올릴 수 있으면 그게 역사고 문화인 거거든. 여기는 그런 공간이야. 대전에서 이런 공간은 역사로 보존해 줘야 돼."

6·25전쟁 때 인민군으로 참전했다가 탈영해 넘어왔다는 황해도 할아버지의 탈영 이야기, 건설업 하다 부도나서 고생했다는 할아버지의 사업 이야기, 왕년에 서울에서 좀 놀았다는 할아버지의 유흥문화 이야기 등등. 김삿갓 다방엔 정말 수많은 이야기가 있었다. 장춘득 할아버지가 했던 말이 새삼스럽게 와 닿았다.

(2013년 5월 73호)

지역 태생형 극장들이 대기업의 대형화된 멀티플렉스에 밀려 하나둘 관객들의 외면을 받는 사이,
동화극장은 성격을 달리해 그 명맥만을 유지해 오고 있다.

영화관으로서의
자존심과
현실 사이에서

영화관으로서의 자존심과 현실 사이에서

동화극장

글 이수정 사진 이용원

단관극장에 다녀왔다. 한때는 발 디딜 틈조차 없을 만큼 성황을 이루었던 그곳의 과거가 아닌 지금이 보고 싶어서였다.

극장은 영사기가 영화 한 편의 필름을 하루에 예닐곱 번 돌리면 해는 이미 저만큼 멀어져 있던, 그때의 '영화'를 간직하고 있기나 한 것일까. 다양성과 편리함이 물결치는 시절이 되어 대형 멀티플렉스 영화관을 큰 힘 들이지 않고

단관극장은 20대 후반 이후의 사람들에겐 추억과 사랑의 감정이 깃든 곳이기도 하다.

갈 수 있는 때가 되었지만, 단관극장은 20대 후반 이후의 사람들에겐 추억과 사랑의 감정이 깃든 곳이기도 하다.

그래서 단관극장인 동화극장에 다녀왔다. 동화극장은 동구 인동 대전천변 가에 자리 잡고 있다. 한국전력공사와 모닝빌 아파트 사이의 낡고 허름하지만 벽돌 하나하나에 정성이 깃든 것처럼 보이는, 누런빛에 세월의 더께가 쌓여 있는 건물 2층이다.

이곳은 이제 더는 다양한 연령대에게 사랑받는 영화를 상영하지 않는다. 비디오 영화가 동화극장에서 상영되는 유일한 장르다. '비디오 영화'는 영화관이나 티브이 상영용이 아닌 비디오테이프용으로 특별히 제작된 필름이다. 일반적으로 티브이나 영화관에서 이미 상영됐던 프로그램을 비디오로 재구성한 필름을 일컫는 말이지만, 우리나라에서 비디오 영화라고 하면 한국형 포르노 필름이란 비난을 받을 만큼 도색일변도로 제작되고 있기도 하다.

18세 이하는 '출입금지'

동화극장은 간판에서부터 심상치 않은 영화를 상영하는 곳임을 알리고 있었다. '성인영화만을 선정 상영하는 동화극장'이란 큰 간판 아래 입구엔 '성인영화 개봉 상영중'이

이곳에서 영화를 보는 비용은 4천 원이었다.

18세 미만은 입장이 안 되는 극장에는
하루에 열 명의 관객도 찾지 않는다고 한다.
상영되는 영화는 '비디오 영화'다.

란 문구도 빠지지 않고 쓰여 있다.

'18세 미만 입장 불가'라는 자격 제한 문구도 극장 초입에 걸려 있다. 극장의 이 같은 특성 때문인지, 내부에서는 남성 관람객 몇몇만을 볼 수 있었다. 극장 입구에서부터 선정성이 강조된 포스터와 문구가 관객을 가려 받는, 혹은 가려 받을 수밖에 없는 현실이 고스란히 반영된 내부 풍경이다. 상영시간표에도 남녀가 함께 보기엔 좀 민망한 제목의 영화가 순서를 기다리고 있을 뿐이었다.

"비디오 영화만 상영해요. 세상은 변하는데… 옛날에 하던 거니까 그냥 하는 거죠. 그래도 한때는 참 좋았는데. 대관은 없어요. 뭐 하려고 요즘 사람들이 이런 구닥다리 영화관에 오려고 하겠어요."

현재 동화극장을 운영하고 있는 심종순(71) 대표의 이야기다. 심 대표는 영화 상영부터 청소하기까지 극장 살림을 혼자 맡아 하고 있었다. 혼자 하는 살림이지만, 그의 손끝에서 극장이 빛나고 있었다. 약 30년이란 시간이 그의 손끝을 통해 이어져 내려올 수 있었음이 이를 증명하고 있었다.

______15년 전 불나기 전까진 성황

지금은 무지렁이 같은 세월에 눌리고, 수 개의 상영관을 갖춘 영화관의 등쌀에 밀려 시간의 흐름에서 한 발짝 벗어난 듯 보이지만 과거엔 대단한 곳이었다. 15년 전, 영화관에 불이 나기 전까지였지만 말이다. 심 대표는 정확한 때를 기억하지 못했지만, 약 15년 전에 극장에 불이 났었다. 극장의 뼈대만 남고 모두 탔다고 한다. 그러니까 지금의 극장은 불난 후 리모델링을 해서 갖추게 된 모습인 셈이다. 지금 로비로 쓰고 있는 곳은 불이 나기 전엔 영사기가 쉼 없이 돌아가던 영사실이었다. 그리고 횟집 등 다양한 식당이 들어선 지금과는 달리 당시엔 이 건물 하나가 좌석을 꽉 채운 영화관이었다고 하니 그 당시를 살지 않았던 사람에겐 상상조차 어려운 일이다.

"건물이 전부 극장이었어요. 지금 로비는 영사실 자리였죠. 이 건물 자체가 극장으로 지어진 거예요. 1950년대에 오영근(옛 동양백화점 회장) 씨가 지은 건물이에요."

영화를 찍진 못했지만 심 대표도 우리 지역의 굵직한 영화인이었다. 그의 말마따나 '신세가 왔다리 갔다리' 했지만, 지역에서 영화사를 운영하며 충청남북도 지역에 있는 극장에 배급사업을 했었다. 그가 당시를 회상하며 기억해낸 충청지역의 극장은 80군데에 달했다.

동화극장 내부에는 참 많은 시계가 있었다.
그 어느 하나 시간이 틀리지 않았다.
혼자 하는 살림이지만, 그의 손끝에서 극장이 빛나고 있었다.

______2007, 어쩔 수 없는 단관극장의 현실

지역 태생형 극장들이 대기업의 대형화된 멀티플렉스에 밀려 하나둘 관객들의 외면을 받는 사이, 동화극장은 성격을 달리해 그 명맥만을 유지해 오고 있다. 애석한 마음이 들지만, 그것이 어쩔 수 없는 현실이었다. 그런 현실 앞에 지역의 수많은 단관극장이 무릎을 꿇고 사라졌다. 성격을 달리한 영화를 상영하는 동화극장의 현재 모습은, 처음 봤을 당시 "여긴 극장도 아니다."라며 심 대표가 손을 내젓던 건 안타까운 마음과 '극장'으로서의 자존심을 지키지 못한 부끄러움의 표현이 아니었을까.

한낮의 뜨거움을 피하기에도 극장은 어려움이 많아 보였다. 선풍기 몇 대가 고개를 돌려 가며 열기를 식히고 있었지만 역부족이었다. 하지만 휴일을 맞아 찾아드는 지역의 옛 영화인들을 만나는 건 또 다른 즐거움이었다.

마지막으로 상영된 필름 영화가 뭐였는지 궁금했다. 그 물음에 심 대표는 고개를 갸웃할 뿐이었고, 새로 온 손님이 말머리를 낚아채 답변했다.

"그건 천재도 몰라. 전두환 때도 극장을 했고, 역사가 있는 곳이지. 김대중 대통령 때도 비디오 영화를 돌렸나? 족보를 보려면 한참 걸려요."

한쪽에 시치미를 떼듯 놓여 있는 철제 캐비닛이 답변을

2층 관람석에 들어가기 전 입구에 붙어 있는 관람자 준수사항.
언제 쓴 것인지는 몰라도 정성스레 쓴 것이 느껴진다.

대신하는 듯하다. '축 발전 증. 제천 신시네마.' 도대체 언젯적 것인지 가늠조차 되지 않는 극장 내부의 물건들. 그것들은 이곳에서 영화의 향내를 맡고 지금껏 자리를 지키고 있었다.

그중 상영관 입구 쪽 벽에 걸려 있는, 손 글씨로 정성스럽게 쓰인 '관람자 준수사항'도 재미있었다. '~행위를 금할 것'이란 문구로 끝나는 이것은 풍속 · 문화에 어긋나는 행위와 고성방가, 기물 손괴, 장내 흡연, 담배 · 침 뱉는… 등 여덟 가지 조항이었다. 지금은 영화 시작 전에 스크린에서 다양한 이모티콘으로 설명하는 그 내용을 화이트보드가 오랜 시간 대신하고 있었다.

극장 내부엔 시계가 참 많았다. 모두 열일곱 개 정도 됐다. 사방 벽면의 두 개 면을 차지한 많은 시계는 어느 것 하나 틀림없이 현재를 달리고 있었다. 그리고 그것이 지금 동화극장의 실재였다.

(2007년 9월 5호)

대흥동 공영주차장에서 겨울을 보내고 봄을 맞았다.
이곳의 겨울은 추웠지만, 봄은 따뜻할 거라고 생각한다.

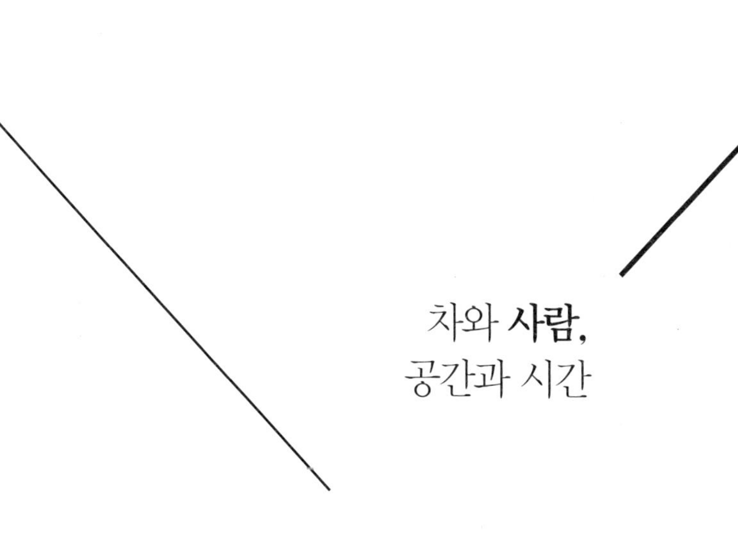

차와 **사람**,
공간과 시간

차와 사람, 공간과 시간

대흥동 공영주차장

글 사진 성수진

운전할 때는 가끔 다른 사람이 된다. 아무런 신호도 없이 끼어들기 하는 차(사람), 직진 차선인데 좌회전하려고 앞을 가로막고 있는 차(사람). 도로 위에서 짜증 나게 하는 많은 것에 불쑥 화가 나 내게만 들릴 욕을 하거나 분풀이용 경적을 빵 하고 누른다. 운이 아주 안 좋지 않은 이상 다시는 볼 일 없을 사람(차)에게 화를 내고 사무실 근처 대흥동 공영주차장에 들어설 때, 잠시 창문을 내려 '사장님'에게 인사하면 마음이 차분해진다. '사장님'은 작은 공간에서 조그만 의자에 앉아 차에 탄 사람을 살핀다. 요즘 바쁜지 별일은 없는지. 짧은 시간, 많은 것을 묻는다.

______차 문을 여니 주차장이, 이희탁 씨가 있었다

열두 자리 번호와 차종, 색, 스티커나 안테나에 꽂는 인형 등으로 제각각 다른 모습을 한 다양한 차들. 차마나 개성이 있지만, 도로에서 만나는 차에서 그 안에 타고 있는 사람을 상상하기는 어렵다. 햇빛이 강한 오후가 아니라면 선팅된 차 안이 제대로 들여다보이지도 않으니 '차'를 '차'로 대하는 게 당연하다.

특별한 일이 없는 이상, 차를 타고 출근하며 처음 대면하는 사람은 대흥동 공영주차장 '사장님'이다. 요즘 일은 어떤지 물어 주는 사람, 좁은 공간에 주차하기 어려워 쩔쩔매고 있으면 작은 공간에서 나와 주차를 도와주는 사람. '사장님'의 이름은 기쁠 희(喜)에 높을 탁(卓) 자를 쓰는, 이희탁이다.

엄밀히 말하면, 이희탁 씨가 대흥동 공영주차장의 사장님은 아니다. 작년까지 중구에서 운영하던 공영주차장을

올해부터 유료 위탁 운영하고 있으며, 이희탁 씨는 위탁받은 운영자가 고용한 사람이다. 그렇다고 이희탁 씨가 정해진 때에 청소를 시작하고 주차 요금을 받고 정산을 마치고 정해진 시각이 되면 '땡' 집으로 가는 '직원'은 아니다.

진짜 사장님이 아침 10시나, 11시에 나오라고 해도, 마음이 놓이지를 않아 늦어도 8시 반에 나와 청소를 시작한다. 아침마다 출근하러 주차장에 들르는 사람들이 혹시라도 기분 상하는 일 없도록 주차장을 깔끔하게 유지한다.

______이희탁 씨의 조그만 공간에 들어갔다

대흥동 공영주차장의 건물 외관을 한눈에 들여다본 적은 없었다. 차로 왔다 갔다 할 적에 주차장 건물의 일부를 잠깐씩 봤을 뿐이다. 대흥동 공영주차장은 3층과 옥상인 4층까지 총 145대를 주차할 수 있는 철골조 건물이다. 창문이 있을 곳이 '뻥' 뚫려, 차갑고 왠지 모르게 공허해 보인다.

차가 주차장으로 들어오기 전에 차단봉을 열어 주는 이희탁 씨는, 조그만 공간에 앉아 있다. 월정액을 끊은 차가 들어오는 쪽으로 작은 창문이 있고 그 옆으로 책상과 의자가 놓여 있다. 책상은 들어오는 차와 같은 쪽을 향하고 있

대흥동 공영주차장은 3층과 옥상인 4층까지 총 145대를 주차할 수 있는 철골조 건물이다.
창문이 있을 곳이 '뻥' 뚫려, 차갑고 왠지 모르게 공허해 보인다.

차창으로 얼굴을 마주하면 말 한마디라도 꼭 건넨다. '같은 말이라도 좋게' 하는 것이 이희탁 씨의 주차장 관리 철학이고, '서비스'다.

다. 책상에는 컴퓨터 한 대가 놓였다.

의자 뒤편에 간이침대가 있다. 하지만 이 침대에 누워 편히 쉬어 본 일은 없다. 간이침대 위에 놓인 라디오로 이희탁 씨는 종일 라디오 방송을 듣는다. 눈으로 들어오는 차량을 살피고 손을 바삐 움직이더라도 귀로는 방송을 들을 수 있어서 좋다. 침대 맞은편에는 작은 싱크대가 있다. 이 공간에서 라면을 끓여 먹기도 한다. 앞으로는 밥을 해 먹으려고 밥통도 샀다.

이 작은 공간의 정수는 창문 밑에 있는 스위치다. 파란색은 차단봉을 올리는 버튼, 빨간색은 내리는 버튼이다. 파란색과 빨간색 버튼 밑으로 똑딱이 스위치 같은 것이 있는데 이것을 위로 올리면 차단봉이 올라가고 아래로 내리면 차단봉이 내려간다. 파란색 버튼과 빨간색 버튼의 기능을 합친 것이 똑딱이 스위치다.

주차장 입구는 둘이다. 차단봉이 있는, 이희탁 씨가 있는 작은 공간과 접한 왼편 입구로는 월정액을 끊은 차들이 다니며, 오른쪽 입구로는 잠깐씩 왔다 가는 차들이 다닌다.

오른편 입구로 들어오는 차는 고속도로 통행소처럼 들어온 시각 정보가 입력된 작은 종이표를 뽑아 들어오고, 월정액을 끊고 왼편으로 들어오는 차는 이희탁 씨가 일

일이 번호를 확인해 차단 봉을 열어 준다. 이희탁 씨는 60~70대쯤 되는 월정액 차의 번호를 거의 외우다시피 한다.

이희탁 씨는 작은 공간에서 왼편으로 오는 차량이 있나 신경을 곤두세운다. 이제 어떤 차들은 엔진 소리만으로 알아차리기도 한다.

______우리 식구가 누군지도 모른다

이희탁 씨는 월정액을 끊고 주차장에 오는 사람들을 '식구'라고 말한다. 그런데 이 식구들의 차 번호는 알아도 얼굴은 모르는 사람이 태반이다. 식구들 얼굴은 대체로 한 달에 한 번, 월정액 계산을 할 때 본다.

"차가 우선이에요. 차가 얼굴이죠. 차 넘버가 우선적으로 보이니까요. 사람 얼굴을 보려 해도 창문에 선팅이 돼 있잖아요. 우리 식구가 누군지도 몰라. 휙 지나가고 쓱 가요. 자기주의 시대 아녀요."

식구는 더 반가운 존재지만, 식구든 아니든 차창으로 얼굴을 마주하면 말 한마디라도 꼭 건넨다. '같은 말이라도 좋게' 하는 것이 이희탁 씨의 주차장 관리 철학이고, '서비스'다. 어디를 다녀오시느냐고 묻기도 하고, 밥은 드셨냐고 묻기도 한다. 가끔 농담도 건넨다. 일요일에는 무료로 개방한다는 이야기도 한다. 이렇게 해야 사람들이 이곳을 더 자주 찾을 것이라는 생각에서다.

주차장 일을 시작한 지는 얼마 되지 않는다. 대전상업고등학교를 졸업해 은행에서 일하던 이희탁 씨는, 은행을 그만두고 양계업을 꾸렸다. 사업이 잘 되지 않아 부도를 맞았고 대전고용센터 취업 과정을 수료하고 나서 일자리를 얻었다. 예순이 넘은 나이에 취직하기는 하늘의 별 따기였다. 잘될까 싶다가도 나이를 일러 주면, 어렵겠냐는 대답이 돌아왔다.

주차장 일은 간절하게 얻은 자리였다. 대흥동 공영주차장에 오기 전, 둔산동 노상 주차장에서 한 달간 실습을 했다. 뛰어다니며 주차 차량을 관리해야 하는 노상 주차장과 비교하면 이곳은 편하게 일하는 셈이고 머무는 공간도 넓은 편이라고 이희탁 씨는 말한다.

올해부터 대흥동 공영주차장에서 일했지만, 하루에 수십 대에서 백 대가 넘는 차량을 관리하다 보니 차를 대하고 사람을 대하는 것이 익숙해졌다. 차가 운전하는 사람을 닮는다는 것도 알았다. 어떤 차는 항상 깔끔하고, 어떤 차는 좁은 주차장에서도 속도를 낸다. 차단봉이 조금이라도 늦게 올라가는 것 같으면 경적을 울리는 사람도 있다.

사람마다 선호하는 자리도 다르다. 외제차를 끄는 사람이나, 여성 운전자들은 이희탁 씨가 머무는 작은 공간 근처에 주차한다. 아무래도 관리자의 시야에서 벗어나지 않아야 차가 무사할 것이라는 생각에서다. 그렇지만 이희탁 씨의 시선은 2, 3층과 옥상에도 닿아 있다. 작은 공간에서 시시티브이 화면을 수시로 확인한다.

주차장 일이 익숙해졌어도 여전히 사람 대하는 것은 어렵다. 주차장에 있으면 세상에 별별 사람이 다 있다는 생각이 든다. 돈 몇 백 원에 실랑이가 붙기도 한다.

"주차장 기본료가 400원이에요. 사실 한 번 들어왔다 나가더라도 돈을 받아야 해요. 사장님은 받지 말라고 했는데 봉급쟁이 입장에서는 안 받을 수가 없죠. 결재 시에 돈이 비면 사장님 입장에서는 아무려면 싫겠죠. 현금이 없다고 문화상품권을 주고 가는 사람도 있었어요. 그럴 때는 제 돈을 채워 넣어요. 주차장이 잘 좀 운영됐으면 하는 맘이에요. 제가 부도를 맞아 봤기 때문에 사업하는 사람 마음을 잘 알아요. 그래서 주차장이 번창했으면 하는 마음이 커요."

'사장님'의 이름은 기쁠 희(喜)에 높을 탁(卓) 자를 쓰는, 이희탁이다.

"여기는 차 받치기가 좋아요. 천장도 있으니 햇빛에 차 광택이 변질될 우려도 없고요. 시설 잘돼 있고 공간도 크고요. 소방 시설도 다 점검받고요. 또 경차는 할인도 되고, 경차 말고도 다른 혜택도 많아요."

이곳에서 일한 지 오래되지는 않았어도, 이희탁 씨는 이 공간에 정이 들었다. '우리 주차장'이라는 생각으로 일하니, 일하는 데 힘도 덜 든다.

"주차장이 활성화 좀 잘됐으면 좋겠어요. 오는 사람이 늘어 가는데 결과가 어떻게 될지 모르겠네요. 사장님도 돈 좀 벌고 하면 나도 덩달아 좋아지는 거 아녀요. 매출이 올라갈 때 좋아요. 몸 가뿐히 퇴근하죠. 저도 사업해 봐서 그 심정을 알아요. 매출이 올라가면 그런 의미에서 좋죠. 봉급쟁이, 직원이라는 생각 안 하고 나도 더 일하려고 하고요. 4층 옥상까지 총 145대를 채우려면 열심히 노력해야 해요."

어렵게 얻은 일자리인 만큼, 건강이 허락하는 때까지 주차장 일을 계속할 생각이다. 주차장 일을 하면 할수록 은행 일과 비슷하다는 생각을 한다. 시재를 맞추지 못해 자신의 돈으로 메우는 일도 있다. 돈을 만진다는 게 그렇다. 컴퓨터로 할 작업이 있으면 느릿느릿 독수리 타법으로 자판을 하나하나 친다. 원래 컴퓨터를 다루지 못했는데, 고용센터에서 배웠다.

"사장님 하고도 얘기했어요. 계속 가 보자고요. 저도 나중에 조그만 주차장을 운영해 볼까 해요. 사장님도 해 보라고 하고요."

이희탁 씨는 이곳 대흥동 공영주차장에서 겨울을 보내고 봄을 맞았다. 이곳의 겨울은 추웠지만, 봄은 따뜻할 거라고 생각한다. 그리고 돌아오는 여름은 다른 곳보다 시원할 것이다. 하루하루 계절이 다른 얼굴을 하고 주차장을 찾는 동안, 몇 천 대, 몇 만 대, 수도 없는 차들이 주차장에 들렀다 갈 것이다. 잠깐 들렀다 가거나, 오래 들렀다 가거나 어쨌든 왔다가 갈 것이다.

(2015년 4월 96호)

'윤서'라는 아이가 그린 것처럼 보이는 동그라미, 세모, 네모 등으로 이루어진 스케치북.

도시가 버린 것이
모두 그곳에 있다

도시가 버린 것이 모두 그곳에 있다

고물상

글 사진 이수연

"시체만 빼고 없는 것 없어. 아니 시체도 있을 수 있겠네." 고물상을 운영하는 부부가 웃음을 보인다. 대전시 서구 벌곡로 1384번 길에는 고물상이 죽 늘어서 있다. 이 골목은 예전에 국도로 이용할 만큼 넓은 길이었다. 지금은 '넓은 길이었다'는 사실이 이야깃거리가 된다. 고물상 거리에서 조금만 나가면 도안신도시를 조성하며 만든 가수원 네거리 10차선 도로가 나온다. 10차선

도로와 비교했을 때 이 길은 골목일 뿐이다.

10차선 도로를 사이에 두고, 풍경이 제각각이다. 가수원 네거리에서 관저동 방향으로 신호등을 건너면 이곳저곳이 공사 중이다. 프랜차이즈 음식점이 보이고, 빽빽한 아파트단지가 얼굴을 드러낸다. 아직 분양 전이거나 공사 중이다. 새 건물에는 죽 부동산이 들어서 있다. 'OO아파트 분양' 부동산마다 빼곡하게 아파트, 건물 임대, 월세 등을 알리는 안내문이 붙었다. 10차선 도로 하나 사이로 새 옷을 입고 뽐내는 길이 있고, 헌 옷을 입은 듯한 옛길이 있다.

쓰레기

200평 남짓한 고물상 벽을 따라 빙 둘러싼 고물 더미, 고물 더미는 다시 종이, 고철, 비철 등으로 분류했다. 입구 쪽에는 작은 컨테이너가 있다. 그곳에서 부부는 옷을 갈아입고, 점심시간이면 밥을 먹는다. 고물상 입구 바로 앞에는 진한 고동색 바닥 저울이 설치되어 있다. 고물상에 들어온 사람들은 먼저 무게부터 잰다. 고물상에 온 사람들은 '무게'에 민감하다. 무게가 곧 돈이기 때문이다. 저울이 잘 작동하는지 고물상 주인 내외와 고물을 가지고 온 사람 모두 확인한다. 저울은 바닥에 붙어 있어 따로 공간을 차지하지 않는다. 고물상 가운데는 텅 비었다. 5톤 트럭이 들어와도 거슬리지 않게 움직일 수 있도록 해야 한다. 컨테이너 앞에는 의자 몇 개와 재떨이가 놓였다. 방문한 사람에게 커피 한잔, 말 한마디 건네는 주인 내외 덕분에 오전 내내 사람이 있다.

"어이, 빠꺼지 왔어?"

자전거 뒷좌석에 폐지를 싣고 온 아저씨에게 먼저 온 사람이 소리를 지른다. 머리가 벗겨지기 시작했다고 사람들끼리 부르는 별명이다. 얼굴을 살짝 구긴 빠꺼지 아저씨가 자신을 '빠꺼지'라 부른 사람에게 다가가 팔로 목을 감아 장난스럽게 잡아당긴다. 티격태격 50대로 보이는 두 사람이 한참 서성이며 이야기 나눈다. 고물상은 아침 일찍부터 북적인다.

"여기가 이 동네 노인정이야."라고 말하는 노재경 할아버지는 거의 매일 이곳에 출석한다. 할아버지는 매일 동네 한 바퀴 자전거를 탄다. 자전거 타며 앞만 바라볼 수는 없다. 여기저기 살피다가 버려진 물건이 나타나면, 자전거를 멈춘다. 그렇게 모은 것을 집에 가져다 두고, 어느 정도 쌓였다 싶으면 고물상으로 가지고 온다.

"청주가 고향이야. 고등학교 졸업하고 서울에서 57년 정도 일하다가 대전에 내려왔어. 아들들이 대전에 있어서 내려오라고 하도 그래서 내려왔지. 애들은 모르지. 위험

고물상 입구 바로 앞에는 진한 고동색 바닥 저울이 설치되어 있다.

하다고 하지 말라고 하는데, 운동 삼아 하는 건데 뭐. 일하고 들어가 목욕하면 몸도 거뜬하고 좋아."

______가난

고물상 주변을 빙 둘러 숨죽인 것들은 때를 기다린다. 다시 태어나려면 많은 곳을 거쳐야 한다. 지금보다 더 큰 고물상으로 가거나 바로 원료공장으로 가기도 한다. 지금 모습은 사라지고, 새로운 모습으로 태어난다. 누군가에게 그것은 '돈'으로 변했다. 폐지를 한가득 판 사람들은 삶에서 필요한 물건을 다시, 그 돈으로 산다. 여든 살 노재경 할아버지는 오늘 번 돈으로 필요한 것을 샀다. 오늘 할아버지가 번돈은 9천 2백 원, 할아버지는 농협에 가서 퇴비 한 포대를 사서 다시 고물상으로 돌아왔다.

"이 씨앗 좀 봐. 지금 농협에 가면 이걸 공짜로 주네?"

할아버지가 상추씨 한 봉지를 얻었다며 보여 준다. 봄이 오니 씨앗도 심고, 텃밭도 가꿀 것이다. 지금 가면 주니까 얼른 가서 얻어 오라며 채근한다. 할아버지가 젊었을 적엔 공사현장에서 현장 관리직으로 일했다. 대전 현장에서도 많이 일했다. 대전공업고등학교, 동신고등학교 등 할아버지가 현장에 있을 때 지었던 건물이다. 이름을 죽 늘어놓으며 "다 내가 지었어."라고 호탕하게 웃는다. 이어 할아버지는 가난은 나라에서도 감당하지 못한다며, 고개를 끄덕였다. "암만…."까지 덧붙이고 잠깐 서 있다가 다시 자전거를 탔다.

할아버지는 이제 집으로 간다. 나라도 개인도 감당하지 못하는 가난 구제를 길가에 버려진 폐지가 한다. 자꾸 만들고, 자꾸 써야 가난을 감당할 폐지가, 폐품이 나온다. 누군가의 가난을 감당하기 위해서 자꾸 쓰고, 버리는 것도 아닌데, 결국 나라도 자식도 감당하지 못한 노인의 가난을 그 물건이 짊어지고 있었다.

꼭 필요하지 않다고 판단한 것

점심시간 무렵이 되자 조용하다. 부부는 집에서 싸 온 도시락을 먹기 위해 컨테이너 안으로 들어간다. 종일 고물상 곳곳을 살피다가 이제야 앉는다.

"종일 바쁘지 않으면 안 돼요. 그래야 먹고살지. 고물을 가지고 오시는 분들은 아침 8시부터 12시까지 오시고, 이제 한 3~4시까지는 좀 천천히들 오세요. 저녁때가 가장 바쁘지. 공사현장 마무리되는 시간 맞춰서 바빠요. 공사현장에서 나오는 것들 수거해 오시는 분이 많으니까."

부부는 예전에 2년간 고물상을 하다가 잠깐 쉬었다. 자리 계약이 끝나고 계약 연장을 하지 못했다. 고물상 그만둔 후, 힘든 일 하지 말자고 다짐하며 과일 장사를 시작했다. 과일 장사가 고물상보다는 몸이 덜 고되었지만, 손님이 없어 마음이 힘들었다.

"과일은 먹어도 되고 안 먹어도 되지만, 사람들이 쓰는 것을 멈출 수는 없잖아요. 그러니까 고철은 나올 수밖에 없고. 그러니 고물상이 과일 장사보다는 낫죠."

쓸 수밖에 없으니 버려질 수밖에 없는 물건을 생각하며, 부부는 지난해 8월부터 다시 고물상을 시작했다. 앞으로 1년간은 다시 자리 잡는 단계다. 다른 곳보다 많이 남기지 않고, '생각보다 많이 쳐 줬네?'라는 생각이 들게끔 하려고 노력한다. 대전에도 워낙 많은 고물상이 있기에 입소문이 잘 나야 물건을 가지고 오는 사람이 많아진다. 2012년 기준 대전시 사업체 조사 결과를 살펴보면 재생용 재료수집 및 판매업으로 분류한 고물상업에 종사하는 사업체는 총 593개다. 이 중 557개가 1인에서 4인 정도가 운영하는 소규모 고물상이다. 가수원동에도 옹기종기 모인 고물상만 다섯 개가 넘는다.

"음식점도 많이 있어야 서로 긴장하고, 잘하잖아요. 가격도 거짓말하지 않고. 다른 업종도 똑같죠. 사람이 모여

작년에는 유용한 정보였지만, 올해는 지나간 이야기가 되어 버린 시사지 한 묶음을 보면서 가슴이 철렁했다.

있어야 잘되는 거니까."

고물 가격은 종류마다 다르고, 국제 시세에 따라 다르다. 비철은 국제 시세에 예민하기 때문에 매일, 또는 2~3일마다 가격이 변한다. 고철은 일주일이나 열흘 단위로 가격이 변하고, 종이는 조금 늦다. 모두 킬로그램당 가격을 정해 사들이고, 다른 곳으로 팔 때도 마찬가지다. 비철도, 고철도, 종이도, 종류에 따라 가격이 다르다. 버려진 물건에도 등급이 있다. 돈 되는 물건이 있고, 덜 되는 물건이 있다.

오후 2시가 넘어간 시각이다. 비가 온다던 일기예보는 맞지 않았다. 햇볕이 곳곳에 스며들었다. 부부가 자세히 보라며 고물상 구석구석 소개한다. 동그랗고, 커다란 플라스틱을 업계에서는 물렁이라고 부른다. 따때기, 딱딱이 등은 비교적 딱딱한 플라스틱, 고철을 부르는 말이다.

5톤 집게차 한 대가 들어온다. 어느 정도 물건이 쌓였다 싶을 때 집게차 기사를 부른다. 아침 일찍부터 온 트럭은 물렁이를 한가득 실어 나갔고, 오후에 온 집게차는 종이를 5톤 트럭 가득 채웠다. 커다란 집게가 트럭에서 나와 종이를 삼킨다. 먼저 집게를 크게 벌리고, 종이를 집어넣는다. 한 번에 꽉 차지 않으면 다시 종이 무덤 속에 집게를 집어넣고, 집게 안이 빽빽하게 찰 때까지 종이를 긁어모은다.

큰 고물을 정리할 때 부부가 쓰는 집게차 위에는 알록달록한 파라솔 하나가 달려 있었다.

빠져나갈 구멍 없이 종이가 집게 안에 가득 차면, 트럭 뒤로 종이를 집어넣는다. 가끔 거대한 집게 안에서 삐져나온 종이가 하나씩 툭툭 바닥으로 떨어진다. 그렇게 몇 번을 반복하자 트럭이 종이로 가득 찼다. 트럭 하나를 채우고 고물상 부부가 받은 돈은 22만 4천 원, 파지 주워 온 이들에게 준 돈이 있으니 고물상에 남은 돈은 2만 8천 원이다.

흘러간 추억

집게차가 떠나자 높이 쌓였던 종이가 바닥을 보인다. '윤서'라는 아이가 그린 것처럼 보이는 동그라미, 세모, 네모 등으로 이루어진 스케치북, 색종이로 만든 개구리, 광고지, 작년 한 해 동안 일어난 사건이 가득 담긴 시사지 한 묶음 등이 바닥을 보인 종이 더미에 남아 있었다. 작년에는 유용한 정보였지만, 올해는 지나간 이야기가 되어 버린 시사지 한 묶음을 보면서 가슴이 철렁했다.

큰 고물을 정리할 때 부부가 쓰는 집게차 위에는 알록달록한 파라솔 하나가 달려 있었다.

"비가 오거나 햇볕이 뜨거울 때 얼마나 유용한데! 참 신기해. 내가 마음속으로 '나와라. 나와라.' 하면 귀신같이 그 물건이 저 고물 더미 속에서 나와. 저것도 얼마나 쓸모

있는데. 내가 저번에는 자전거 바퀴가 필요해서 '나와라. 나와라.' 했거든? 그러니까 딱 나왔어. 이 일이 그런 게 재미있어. 사람이 살면서 쓰는 물건은 한정되어 있잖아. 그런데 여기 있으면 내가 사용하지 않는 물건을 얼마나 많이 보는데. 그중에서도 좀 신기하다 싶은 건 한곳에 모아 뒀지. 사람들 와서 구경도 하고 그러라고."

옛날 공중전화, 마이크, 오줌싸개 머리에 쓰던 키, 벌통 등 도시가 잊어버린 물건을 고물상 아저씨는 하나씩 모았다. 사람이 버린 물건, 도시가 잊어버린 물건이 고물상에 가득했다.

일하지 못하는 사람

오후 5시를 넘긴 시각, 자전거 뒷자리에 고철을 가득 싣고 80대 할아버지가 고물상에 들어왔다. 할아버지는 물건을 싣고 저울에 올라 무게를 재고는 고철 더미 위에 가지고 온 물건을 내려놓았다. 다시 저울에 올라가 무게를 재고, 처음 잰 무게에 그 무게를 뺀다. 할아버지가 가지고 온 물건은 고철 8킬로그램, 종이 6킬로그램이었다. 14킬로그램을 자전거 뒤에 짊어지고, 유성 공사현장에서부터 가수원동까지 자전거를 타고 왔다.

나라도 개인도 감당하지 못하는 가난 구제를 길가에 버려진 폐지가 한다.

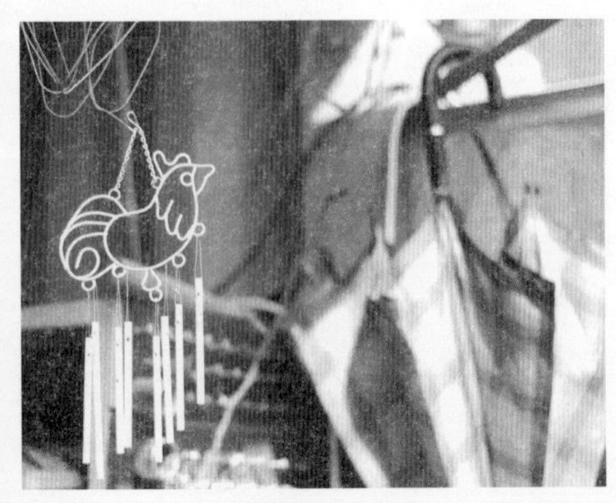

사람이 버린 물건,
도시가 잊어버린 물건이 고물상에 가득했다.

"뭘 그런 걸 자꾸 물어? 알 거 없어."라고 말하며 커피가 든 종이컵으로 시선을 옮긴다. 땅이 자꾸만 할아버지의 얼굴을 아래로 부르는 것 같았다. 눈, 코, 입, 피부가 모두 땅을 향했다. 할아버지의 얼굴에 잠깐 시선을 두었다.

"아가씨도 결혼해 봐야 알아. 결혼하고, 부모님 용돈 드리기가 얼마나 어려운데. 여기 오시는 양반들 모두 운동 삼아 한다지만, 그렇겠어? 다들 돈벌이하느라 하시는 거지. 우리도 그래서 최대한 잘해 드리려고 해."

부부가 말한다. 할아버지는 어느새 커피 한 잔을 다 마시고 떠났다. 다시 고물상에 하나씩 사람이 온다. 아침에 왔다 간 아저씨가 저녁이 되자 또 고물상에 들렀다. 한때는 다섯 살 미만의 꼬마 여자아이가 타고 다녔을 분홍색 자전거를 하나씩 분리한다. 플라스틱, 나사 등을 분리해서 값을 매겨야 한다. 조금씩 날이 어두워졌다. 고물상 문을 나오니 곳곳에 버려진 쓰레기가 보였다. 버려진 것 말고도 버려질 것으로 가득했다. 어차피 모든 것이 버려질 물건이었다. 시간이 흐르고, 고물상에서 밴 먼지 냄새가 서서히 사라졌다.

이 도시가 나도 버리기 전에 가야 할 곳을 찾아야겠다. 문득 그런 생각이 들었다.

(2014년 4월 84호)

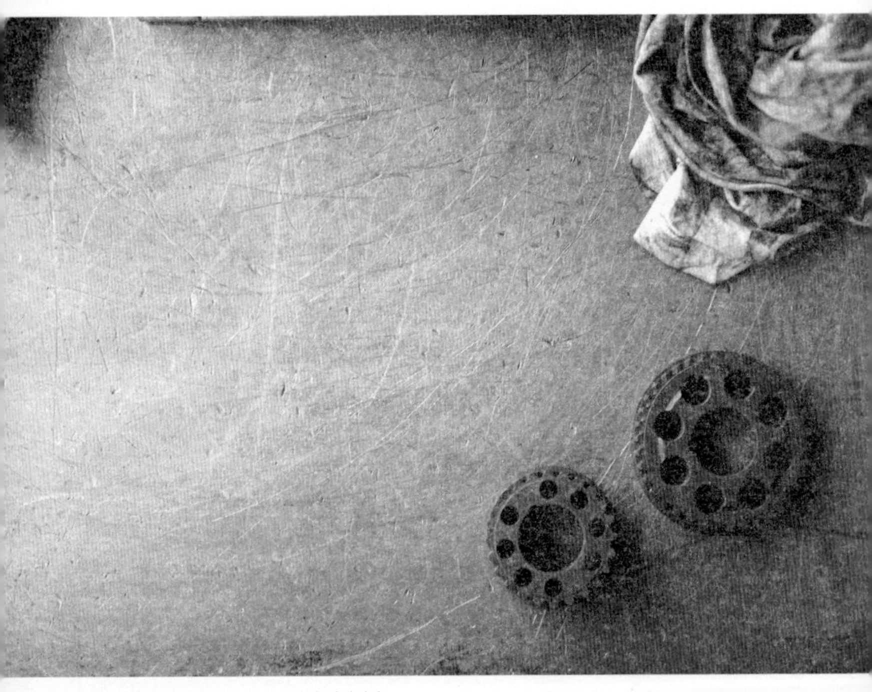

쇳덩어리가 간직한 무게감이 고스란히 전해졌다.
그 무게감은 묘한 경외감을 불러일으킨다.

기계에 잘 스며든 기름은
'정밀함'에 신뢰를
더해 준다

기계에 잘 스며든 기름은 **'정밀함'**에 신뢰를 더해 준다

보링공업사

글 사진 이용원

한남 오거리는 도심 속 삼각주를 만들었다. 하천이 호수나 바다로 흘러들며 만든 삼각주는 무척 비옥하다. 영양분이 풍부해 농사짓기 좋은 땅이다. 도로를 개설하며 삼각형 형태로 만들어 낸 도심 속 삼각주 안에는 논과 밭 대신 철강, 기계, 금속, 자동차 관련 업소가 높은 비중을 차지한다. 이곳은 그랬다.

삼각주 형태를 띤 블록에서도 부챗살처럼 넓게 퍼진 부분

말고, 끝이 날카롭게 뾰족한 부분과 더 가까운 곳에서 골목으로 들어선다. 꼭짓점에 가까울수록 횡으로 관통하는 골목은 짧아진다. 한낮 태양이 내리쬐는 골목에 지나다니는 사람은 거의 눈에 띄지 않았다. 날카로운 무엇인가로 다른 무엇을 자르거나 갈면서 내는 소리만 햇볕에 부딪혀 반사되며 골목을 이리저리 헤집고 다닌다. 그곳에 '신성사'가 있다. 20년 동안 자리를 지킨 그 공간에 리프트 시설 두 개를 들여놓았다. 차를 들어 올려 차량 아래에서 편하게 작업하도록 돕는다.

신성사 정문을 들어서면 왼쪽에는 작업 공간이 있고 오른쪽으로 꺾어 들어가면 사무실이 있는, 뒤집어진 'ㄱ'자 형태 공간이다. 공간 곳곳에는 무거운 쇳덩어리가 크기 별로 다양하게 있다. 굳이 구분하면 두 가지로 구분할 수 있다. 녹슨 쇳덩어리와 거무튀튀한 기름에 반질반질한 쇳덩이다. 도무지 스며들 틈이라고는 없어 보이는 그 쇠붙이에 잘 먹은 기름은 필요한 형태로 깎아 놓은 기계 부속의 정밀함에 신뢰를 더해 준다. 어떤 이유인지 잘 먹지 않아 쇠붙이에 엉겨 있는 기름은, 보는 이로 하여금 자신의 몸에도 기름이 달라붙어 떨어지지 않을 듯한 묘한 공포감을 불러일으킨다.

역시 쇠붙이로 만든 상자 안에는 볼트와 너트도 있고 그 쓰임을 전문가가 아닌 이상, 도무지 알 수 없는 모양의 부속품도 산더미다. 굳이 손으로 들어 보지 않아도 쇳덩어리가 간직한 무게감이 고스란히 전해졌다. 그 무게감은 묘한 경외감을 불러일으킨다. 그 공간 안에 선 사람들의 인생 무게와 비슷할 것 같다는 생각이 들어서인지도 모르겠다. 그것도 아니라면 몸속에 새겨진, 쇠를 발견하고 다룰 줄 알게 되었을 때 인류가 가졌을 그 경외감이 자극을 받은 모양이다.

사무실 바로 앞 그리 좁지 않은 공터를 차지하고 있는 기구는 무척 낯설다. 바퀴 세 개가 달린 'A'자형 받침대 위에 흡사 크레인과 유사한 형태로 꺾인 기둥이 꽂혀 있고 길게 뻗은 가지 끝에는 무엇인가를 매달 수 있는 고리가 걸렸다. 그 길이는 조절할 수 있도록 했으며 받침대와 수직을 이루는 기둥에는 공기압으로 힘을 쓰는 장치를 부착했다. 이 공간의 전문성을 웅변하듯 당당하게 서 있는 이 장비를 이곳 사람들은 '코끼리'라 부른다. 이 장비는 자동차에서 무거운 엔진을 내리고 다시 올릴 때 쓴다. 정비사가 이 장비로 엔진을 내리는 장면은 마치 외과의가 중요한 수술을 하는 양 신중하게 이루어지고 그만큼 팽팽한 긴장감을 불러일으킨다. 이 긴장감은 곁에 있는 사람에게도 고스란히 전해진다. 고리에 매달려 흔들거리는 자동차의 심장, 엔진은 땅 위에 놓인다. 리프트 위에 놓인 자동차는 그 순간 그저 껍데기일 뿐이다.

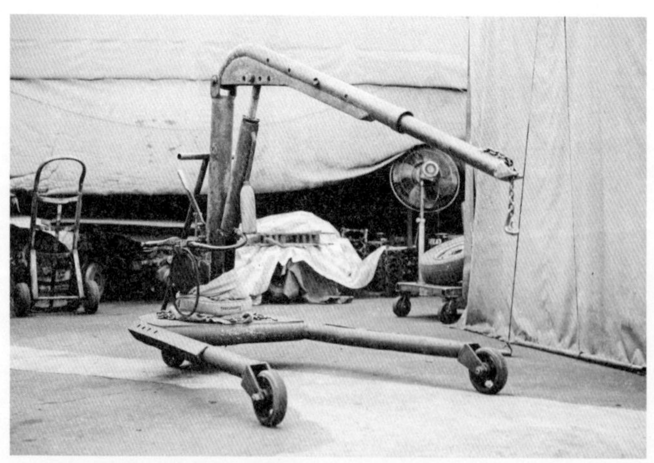

이 장비를 이곳 사람들은 '코끼리'라 부른다.
이 장비는 자동차에서 무거운 엔진을 내리고 다시 올릴 때 쓴다.

적막 가운데 망치로 무엇인가를 두드리거나 에어드릴로 나사를 풀어낼 때를 제외하고 들려오는 소리라고는 라디오 소리가 유일하다. 스피커를 통해 흘러나오는 디제이의 통통 튀는 목소리는 무척 생경해 오히려 극적이기까지 했다. 이 공간은 낯선 사람에게나 생경할 뿐이다. 늘 그 자리에서 작업의 시작과 끝을 함께했을 라디오 소리는 풍경에 철저하게 녹아들어 존재감마저 희미하다. 늘 있어야 할 곳에 있는 물건처럼 소리도 그렇게 존재한다. 보지도 않는 텔레비전을 습관적으로 틀어 놓는 것처럼 말이다. 긴 시간 안에서 반복적인 행위가 만들어 낸 철저한 익숙함이다. 무심하게 나사를 풀고 엔진을 손보는 정비기사의 손동작은 오랜 시간에 걸쳐 일상으로 녹아들었다. 조명을 받은 채 수십 번도 더 반복해 추었던 춤을 추는 발레리나의 몸동작만큼이나 심드렁하다.

______부지런하게 사는 사람들은 다 괜찮아요

비가 내릴 듯 찌뿌둥한 날씨에 리프트 앞에는 송 부장과 양 기사, 두 엔진 전문가가 서 있다. 자동차 엔진룸 내부를 샅샅이 살피고 분해를 위해 나사를 하나씩 풀어 간다. 간혹 엔진을 내리지 않고도 손을 볼 수 있는 고장도 있지만 이곳 '신성사'까지 실려 오는 자동차는 우리가 흔히 만

나는 카센터나 1급자동차공업사에서 보낸 물건일 때가 많다. 운전자가 직접 끌고 오는 경우는 거의 없다.

"옛날보다 엔진도 튼튼하고 좀 심한 고장이면 고쳐서 쓰기보다 버리고 새로 사는 경향이 많으니까. 옛날처럼 일이 많지는 않아요. 요즘 1급 공업사에서 기관부를 운영하는 곳은 별로 없을 거예요. 판금이나 도색부는 운영을 해도."

자체 수요가 기대하는 적정 수준의 매출을 보장해 주지 않는 일은 아웃소싱이 일반적이다. 그렇다 보니 예전 1급 자동차공업사에는 많을 때 50~60명씩 정비 기술자가 있었지만 요즘에는 열 명 미만인 곳도 많다. 신성사에서만 20년을 일한 송 부장은 이곳에 오기 전 1급자동차공업사 기관부에서 오래 일했고 정비책임자로도 있었지만 시대 변화에 따라 '엔진 부문'으로 전문화된 '신성사'로 일터를 옮겼다.

옛날에는 이런 곳을 '보링집'이라고 불렀다. 엔진 실린더에 문제가 생겼을 때 다시 표면을 매끄럽게 다듬어 수리하는 곳이다. 초정밀 기술을 요한다. 엔진 실린더와 피스톤 사이의 유격은 자동차 성능과 안정을 보장한다. 중요한 부분이다. 아주 오래전 비포장도로가 포장도로보다 훨씬 많았을 때는 일정한 시간이 지나면 엔진 오일을 갈아 주듯 엔진 보링을 받아야 할 때도 있었다. 엔진오일 교체처럼

도무지 스며들 틈이라고는 없어 보이는 쇠붙이에 잘 먹은 기름은
필요한 형태로 깎아 놓은 기계 부속의 정밀함에 신뢰를 더해 준다.

자주 할 필요는 없었지만 적정한 시기를 놓치면 엔진 성능이 떨어지거나 자동차를 운행하다가 몹쓸 일을 당할 수도 있었다.

"아무래도 비포장도로를 많이 달리면 먼지가 많이 올라오고 그것이 엔진 속으로 들어가서 실린더를 망가뜨릴 수 있잖아요. 그러니까 옛날에는 보링 작업을 해야 하는 차가 많았지요. 그런데 요즘에는 도로 사정이 좋으니까 보링을 해야 하는 엔진이 그렇게 많지는 않아요. 그래도 우리는 아직 일이 좀 있는 편이에요."

신성사 이영관 사장은 열여덟 살 무렵부터 자동차 정비일을 배웠다. 친구 아버지가 운영하는 도마동에 있었던 대전공업사에서다. 월급은 적고 일은 고되었지만 당시 기술을 배우는 건 안정적인 미래를 보장해 주는 일이었다. 그때부터 지금까지 일을 하고 있으니, 50년 가까이 자동차와 엔진을 만지며 살아온 셈이다. 근데, 지금 하고 있는 일을 더 오래 할 수 있을 거라 생각하지 않는다. 그 긴 시간 동안 자동차 엔진도 다양한 기술적 진보를 가져왔지만 기본 원리는 어차피 똑같고 크게 달라진 부분은 없었다. 그런데 미래는 조금 다를 것 같다.

"앞으로 이쪽 일 할 사람은 기계가 아니라 전자 쪽 공부를 해야 할 것 같아요. 요즘에도 엔진을 컨트롤하는 컴퓨

게으른 사람들이나 걱정하는 거지.
좀 부지런하게 사는 사람들은 다 괜찮아요. 밥은 벌어먹고 살 수 있어요.

터가 부착되어 나오지만 앞으로 전기 자동차가 생산되면 완전히 다른 엔진이잖아요. 그러면 우리 같은 기술을 가진 사람은 필요가 없겠지요. 저도 이 건물주가 나가라고 할 때까지만 하려고요."

내부에서 폭발이 일어나는 기존 엔진과 달리 개발과 상용화가 한창 진행 중인 전기자동차는 폭발이 일어나지 않는 전기구동모터가 주종을 이룰 것으로 보인다.

무거운 쇳덩어리, 그것도 막 다룰 수 없는 정밀한 기계를 만지는 일이 녹록지 않을 듯한데, 이영관 사장은 그렇게 위험하지도, 그렇게 힘들지도 않다고 손사래 친다. 힘들기는 농사 일이 더 힘들고 기술로는 엔진 기관 쪽보다 오히려 판금 기술을 더 고급 기술로 친단다.

"뭐, 후회할 게 있어요. 돈을 많이 못 벌어서 그게 아쉽지요. 원래 기술 일이 돈을 많이 벌 수 있는 건 아니에요. 일할 수 있는 것에 한계가 있잖아요. 그래도 뭐 밥 벌어먹고 살았고 자식들 잘 키웠으니까, 그 정도면 행복한 것 아니에요? 게으른 사람들이나 걱정하는 거지, 좀 부지런하게 사는 사람들은 다 괜찮아요. 밥은 벌어먹고 살 수 있어요."

점심시간이 좀 지나 늦게 배달한 국밥 한 그릇을 입에 넣는 이영관 사장은 입을 벌리며 호탕하게 웃었다. '게으르다.'라는 말이 인상적이었다. 무척 친숙하고 익숙한 말

인데, 낯설었다. 요즘 이 말을 잘 쓰는지 모르겠다. '게을렀다.'

(2015년 7월 99호)

옛날에는 이런 곳을 '보링집'이라고 불렀다.

우리가 아는 시간의 풍경

도시의 숨결을 찾다

1판 1쇄 펴낸날 2016년 01월 15일
1판 2쇄 펴낸날 2016년 12월 16일
1판 3쇄 펴낸날 2019년 11월 28일

시은이 이용원, 성수진, 송주홍, 이수연, 엄보람, 이수정, 김선정

펴낸이 이용원
펴낸곳 도서출판 월간토마토
편집 이혜정
디자인 원나영, 문유림
마케팅 황훈주
인쇄 영진프린팅

등록 2017년 8월 21일(제2017-000012호)
주소 34920 대전광역시 중구 대종로 451 2F
전화 042.320.7151 팩스 0505.115.7274
이메일 mtomating@gmail.com
홈페이지 www.tomatoin.com
페이스북 월간 토마토 인스타그램 @magazinetomato

"자신만의 시간과 공간을 꺼내서 보여 주신 모든 분께 머리 숙여 깊이 감사드립니다."

· 이 책은 한국출판문화산업진흥원 2016년 세종도서 교양부문 선정 · 보급 사업에 선정된 도서입니다.

· 이 도서의 국립중앙도서관 출판예정도서목록(CIP)은 서지정보유통지원시스템 홈페이지(seoji.nl.go.kr)와 국가자료공동목록시스템(www.nl.go.kr/kolisnet)에서 이용하실 수 있습니다.(CIP제어번호: CIP2016000339)

---

*도서출판 월간토마토는 ㈜공감만세의 출판 브랜드입니다.

ISBN 978-89-97494-30-9 03300